Deutscher Verband für das Skilehrwesen e.V. (Hrsg.)

SKI-LEHRPLAN CARVEN

Lehren und Lernen mit dem Carver-Ski

BLV

Die Deutsche Bibliothek –
CIP-Einheitsaufnahme

Skilehrplan / Deutscher Verband für das Skilehrwesen e. V. (Hrsg.). [Autoren des Skilehrplans Erhard Gattermann ...]. – München ; Wien ; Zürich : BLV
Carven : Lehren und Lernen mit dem Carver-Ski. – 2. Aufl. – 1999
ISBN 3-405-15305-0

Zweite Auflage

BLV Verlagsgesellschaft mbH
München Wien Zürich
80797 München

Herstellung: Manfred Sinicki

DTP: Satz + Layout Fruth GmbH, München

Lithos und Filmbelichtung: Lanarepro, Lana (Südtirol)

Gesamtherstellung: Passavia, Passau

Gedruckt auf chlorfrei gebleichtem Papier

Printed in Germany
ISBN 3-405-15305-0

Mitgliedsverbände im Deutschen Verband für das Skilehrwesen e. V.

Arbeitsgemeinschaft Ausbildung im Skilauf an Hochschulen

Bundesministerium für Finanzen – für den Bereich des Zollgrenzdienstes

Bundesministerium der Verteidigung – für den Bereich der Bundeswehr

Deutscher Alpenverein e. V.

Deutscher Skilehrerverband e. V.

Deutscher Skiverband e. V.

Deutscher Sportlehrerverband e. V.

Deutscher Turner-Bund e. V.

Deutscher Behindertensportverband e. V.

Deutsches Polizeisportkuratorium

Touristenverein »Die Naturfreunde« Bundesgruppe Deutschland e. V.

Verband deutscher Berg- und Skiführer e. V.

Bildnachweis

Umschlagfotos: Archiv Völkl
Umschlaggestaltung: Julius Negele
Alle Fotos von Erhard Gattermann, außer Archiv Völkl: Seite 42 unten, 46 unten
Grafiken: Hans Werner Janda

Mitglieder der Kommission für Technik und Methodik – Autoren des Skilehrplans

Erhard Gattermann, Vorsitzender und Fachredaktion

Norbert Barthle
Dr. Ulrich Göhner
Hannsjörg Held
Hans Werner Janda
Walter Vogel
Wolfgang Wagner

Der Firma SCHÖFFEL wird für die zur Verfügung gestellte Skikleidung gedankt.

Inhalt

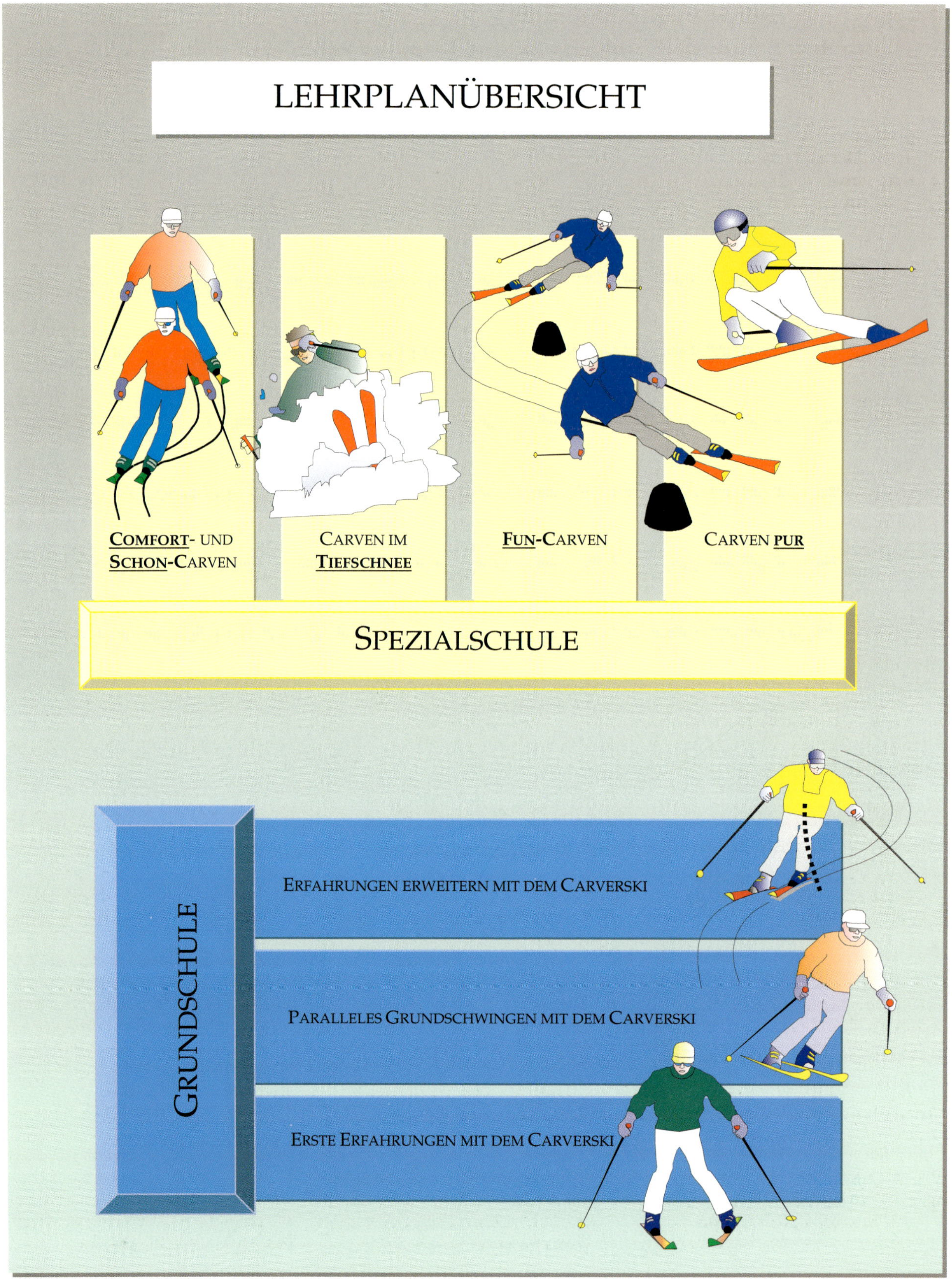
LEHRPLANÜBERSICHT
COMFORT- UND SCHON-CARVEN
CARVEN IM TIEFSCHNEE
FUN-CARVEN
CARVEN PUR
SPEZIALSCHULE
GRUNDSCHULE
ERFAHRUNGEN ERWEITERN MIT DEM CARVERSKI
PARALLELES GRUNDSCHWINGEN MIT DEM CARVERSKI
ERSTE ERFAHRUNGEN MIT DEM CARVERSKI

Einführung

Eigentlich muß man gar nicht viel tun: **Ski auf die Kante stellen und die Kurve genießen ...**
So oder ähnlich lauteten viele Empfehlungen, die den Skifahrern gegeben wurden und noch gegeben werden, um auf den Carverski umzusteigen. Der Deutsche Verband für das Skilehrwesen macht es sich nicht so einfach. Seine für die Lehrpläne verantwortliche Kommission für Technik und Methodik hat das neue Gerät eingehend geprüft, hat viele Erfahrungen gesammelt, hat in der Praxis intensiv beobachtet und die verschiedensten Empfehlungen und Erfahrungen diskutiert. Das, was dabei entstanden ist, liegt jetzt vor als Ergänzung zum »Ski-Lehrplan Band 1 – Ski alpin« von 1992. Vorweg sei folgendes festgehalten:

- **Der Carverski ist eine höchst erfreuliche Weiterentwicklung, auf die um- oder einzusteigen lohnt.**
- **Mit dem Carverski geht vieles beim Skifahren einfacher.**
- **Mit dem Carverski wird manches Neue möglich.**
- **Der Carverski wird die bunte Palette der Skiangebote noch erweitern.**

Damit sich die genannten Annehmlichkeiten bei allen Um- oder Einsteigern auch zeigen, ist bedachtes Vorgehen angebracht. Im vorliegenden Lehrplan sind die wichtigsten Eckpfeiler einer carvergerechten Technik und Methodik zusammengestellt. Die Grundorientierung im Aufbau und das Übungsgut des bisherigen Alpinlehrplans bleiben.

- Mit **ersten Erfahrungen** beginnt auch das Lernen auf dem Carverski. Sehr viel stärker als bisher muß aber schon auf die Wirkung des Fahrens auf der Kante geachtet werden.
- Nach den ersten Erfahrungen geht es zügig auf das **Parallelschwingen** los. Wie dieses Schwingen auf dem Carverski aussieht, das wird sehr genau in Wort und Bild vorgestellt. Über welche Lehrschritte und mit welchen Bewegungsaufgaben man zu ihm gelangen kann, das bietet sich förmlich an: mit einem **Kurvengleiten in paralleler Skistellung.**
- Dieses Kurvengleiten ist an verschiedene Voraussetzungen gebunden, vor allem an gute Gelände- und Schneebedingungen. Das haben wir nicht immer und überall. Weitere Lehrmöglichkeiten müssen daher gesucht und gefunden werden. Wer das negiert, der übersieht die Realität. Es sind das **Kurvengleiten in Pflugstellung** und das **Kurvengleiten, bei dem zwischen Pflug- und Parallelstellung gewechselt** wird.
- Wie im Alpinlehrplan beschrieben, so ist auch mit dem Carverski ein **Erweitern der Erfahrungen** sinnvoll.
- Danach sind wir mit den Lernenden so weit, daß wir mit ihnen in die **Spezialschule** gehen können. **Comfort- und Schon-Carven** sind besonders erfreuliche Formen des Skifahrens mit dem neuen Gerät. Nicht weniger Spaß macht der **Carverski im Tiefschnee.** Besondere Neuigkeiten erlebt man aber erst, wenn man mit ihm an die vielen neuentwickelten Fahrformen herangeht. Deswegen gibt es einen eigenen Abschnitt **Fun-Carven.** Und den Höhepunkt erreicht man schließlich mit **Carven pur,** also mit jener Form des Kurvenfahrens, bei der über die gesamte Kurve hinweg nur entlang der in den Schnee eingegrabenen Kante gefahren wird.
- Die Neuentwicklung im Skifahren hat – wie alles – nicht nur Sonnenseiten. Für viele fangen die Schwierigkeiten schon bei der Frage an, welchen Carverski sie sich beschaffen sollen; gleich am Anfang geben wir in übersichtlicher und für jeden brauchbarer Weise **Auskunft über das neue Skimaterial.** Manche sind unsicher, ob sie den neuen Ski schon für ihre **Kinder** kaufen sollen; auch darüber informiert dieser Lehrplan. Ebenso wird auf die **Gefahren** hingewiesen, die mit dem Carven verbunden sein können.

Keine Gefahren, wohl aber Probleme kann es für den Skiunterricht geben, wenn nicht alle Schülerinnen und Schüler mit Carverski ausgerüstet sind. Diese Probleme sind durch ein spezielles Kursangebot, bei dem – von wem auch immer – die Carverski gestellt werden, nur teilweise gelöst. Schon besser wäre es, wenn spezielle Carverkurse ausgeschrieben würden, so daß man von vornherein davon ausgehen kann, daß alle den richtigen Ski haben. Die dritte Problemlösung entspricht dem derzeitigen Unterrichtsalltag: Man stellt sich als Lehrer auf eine gemischte Gruppe ein, indem man möglichst viele Aufgaben stellt, die nicht nur mit Carverski gelöst werden können. Das ist – wie dieser Lehrplan zeigen wird – durchaus möglich. Freilich muß man als Lehrkraft dann daran denken, daß nicht alle Schülerlösungen optimal sein können.

Viel Spaß und Erfolg beim Skiunterricht mit dem Carverski wünscht die **Kommission für Technik und Methodik.**

Grundsätzliches zum Carverski

Die neue Form

Stark taillierte Ski, sogenannte Carverski, sind an Schaufel und Ende breiter als klassische Modelle und heben sich daher auch optisch von diesen ab. Bislang waren die sportlichen Ski vorne etwa 90 mm breit, hinten etwa 80 mm, Ski für den Allround-Bereich waren an beiden Stellen noch etwas schmäler. Carverski sind im Schaufelbereich durchschnittlich zwischen 95 und 100 mm breit, am Skiende knapp unter 90 mm. Extreme Modelle reichen über 100 bzw. 110 mm.

Für das Skifahren relevant ist die mit der neuen Schaufel- und Endendimension einhergehende Verstärkung der Skitaillierung. Taillierung wird der geometrische Linienzug von der breitesten Stelle an der Schaufel über die Skimitte zur breitesten Stelle am Skiende genannt, sie beschreibt etwa die Form eines Kreisbogens. Der zum Bogen gehörige Radius gibt ungefähr den Schwungradius vor, den ein aufgekanteter Ski ohne zusätzliche Aktionen des Skifahrers durchfährt, wie dies bei geschnittenen Schwüngen ohne jeglichen Rutschanteil (Taillierungsschwingen, Carven pur) der Fall ist. In der Praxis weicht der tatsächliche Radius wegen der Durchbiegung (sie verkleinert den Schwungradius) und seitliche Flexibilität (sie vergrößert den Schwungradius) des Ski etwas von diesem Wert ab.

Es gibt aber auch bereits Riesenslalom-Modelle, deren Taillierungen moderate Carverdimensionen erreichen. Grundsätzlich ist zu beachten, daß sich die Taillierungsangabe häufig nur auf eine Länge pro Modell bezieht. Hält ein Hersteller die Breiten bei unterschiedlichen Längen konstant, so gilt: je kürzer der Ski, um so stärker die Taillierung.

Carven – vom Anfänger zum Rennfahrer

Auch wenn stark taillierte Ski als Carverski (to carve = schneiden, schnitzen) in aller Munde sind, beschränkt sich ihre Eignung nicht ausschließlich auf geschnittene Schwünge, andernfalls wären sie nur an die sehr kleine Gruppe perfekter Skifahrer adressiert. Skifahren besteht aber nicht nur aus Taillierungsschwüngen (Carving pur), sondern aus geländeangepaßten Schwungradien und Schwungwinkeln, also auch aus Kurz- und Bremsschwüngen. **Wer unter Carven Schwingen mit intensiver Unterstützung durch die Ski-Seitenform versteht, erkennt schnell das riesige Einsatzgebiet stark taillierter Ski über alle Könnensstufen hinweg vom Anfänger bis zum Rennfahrer und damit die Bedeutung der neuen Skigeometrie für den Skiunterricht.**

Voraussetzung dafür ist freilich die Erkenntnis, daß nicht die Taillierung alleine das Fahrverhalten eines Ski definiert. Über die Auslegung weiterer Komponenten, etwa der Biege- und Torsionssteifigkeiten, der Vorspannung und Dämpfungseigenschaften, paßt der Skikonstrukteur die Charakteristik seiner Modelle zielgruppengerecht an. Erst moderne Materialien und Fertigungstechnologien haben ermöglicht, daß Ski mit starker Taillierung sowohl bei einer geschnittenen Schwungsteuerung als auch beim Driften problemlos agieren können. Die meisten Carverski ermöglichen jedoch einen problemlosen Übergang zwischen geschnittener und gedrifteter Schwungsteuerung. Sie verfügen daher wie Ski mit klassischer Taillierung über einen breitbandigen Anwendungsbereich.

Der Carving-Effekt

Der kleine Taillierungsradius des Carverski erlaubt in flachem bis mittelsteilem Gelände mittlere bis weite Schwünge bei geringer Eigenaktivität des Skifahrers. Kleinere Schwungradien als der Taillierungsradius gelingen wie bisher durch aktives Drehen, jedoch mit Unterstützung durch die Seitenform der Ski. Diese Unterstützung ist um so intensiver, je stärker und je länger die Ski im Schwungverlauf aufgekantet werden.

Vorteile von Carverski können also sein:

- leichtes Ändern der Richtung,
- betontes Fahren mit den Kanten,
- verbesserte Tempokontrolle,
- erhöhter Fahrspaß schon bei niedrigem Tempo,
- gesteigertes Kurvengefühl,
- gute Eignung für Tiefschnee durch die Breite im Schaufelbereich.

Taillierungen im Vergleich:

klassische Allround-Ski:	um 45 Meter
Slalom-Ski:	um 40 Meter
Riesenslalom-Ski:	um 35 Meter
Carverski:	etwa 10 bis 30 Meter

Taillierungsradius, Kurvenradius, Kantwinkel und Kantenbiegung

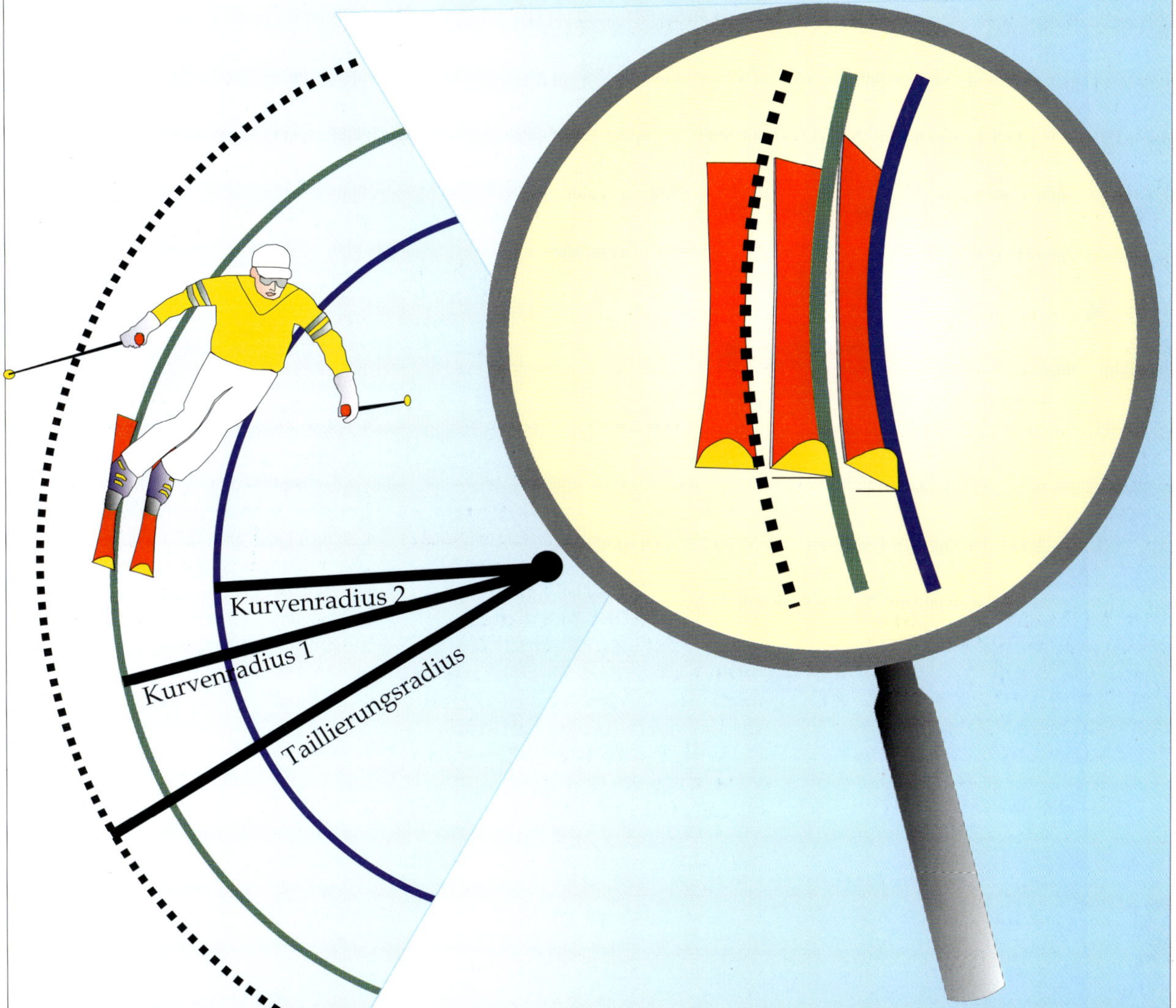

Grundsatz:
Je höher der Kantwinkel und damit die Durchbiegung, desto kleiner der Kurvenradius.

Ausrüstungsberatung

Um die erwähnten Vorteile der stark taillierten Ski erfahren zu können, braucht der Skifahrer einen entsprechenden Ski, d. h., die Fahreigenschaften müssen zu seinem Fahrkönnen und seinen Ansprüchen passen. Am besten findet man den richtigen Ski durch eigenes Ausprobieren. Im Sportfachhandel, in Skischulen und bei Testveranstaltungen kann man Ski ausleihen. Darüber hinaus sind Produktbeschreibungen, Skitests und die individuelle Beratung im Sportfachhandel wichtige Informationsquellen.
Im Fachhandel werden stark taillierte Ski unter den Begriffen Easy-, Allround-, Race- und Fun-Carving angeboten. Die Tabelle zeigt eine Verknüpfung mit den bekannten Zielgruppen sowie Auswahlkriterien und erleichtert somit die grundsätzliche Beratung:
Für Allround- und Race-Carver sind eher moderate Carvertaillierungen von Vorteil. Skifahrer, die gerne mit eng geschlossener Beinstellung schwingen, mit ausgeprägter Rücklage fahren oder unentwegt Kurzschwünge zelebrieren, sind besser mit klassischen Taillierungen bedient.

Die empfohlenen Längen erlauben längerfristig einen vielseitigen Einsatz der Ski bei allen Pisten- und Schneebedingungen. Für Spezialeinsätze ist auch die Wahl kürzerer Modelle denkbar, wie etwa im Anfängerunterricht oder beim Lehren mit ansteigenden Skilängen. Fun-Carver brauchen Ski mit extremer Taillierung und damit häufig sehr kurze Ski bis hin zu Kurz-Carvern, die nur knapp einen Meter lang sind.
Grundsätzlich ist zu beachten, daß die Fahreigenschaften innerhalb jeder Modellreihe von der Skilänge abhängen:
- Längere Ski sind laufruhiger, führen besser und komfortabler auf der Kante.
- Kürzere Ski sind wendiger.

Erhöhungen

Ski-, Bindungs- und Skischuhintegrierte Erhöhungen sowie separate Platten, die zwischen Ski und Bindung montiert werden können, bieten die Möglichkeit einer erhöhten Standposition. Sie erlaubt
- stärkeres Aufkanten,
- stärkere Kurvenlagen,
- besseres Timing der Steuerbewegung.

Letzteres ermöglicht der verlängerte Weg, den das Knie beim Aufkanten zurücklegt. Platten zwischen Ski und Bindung verändern meist das Fahrverhalten der Ski, etwa durch Skiversteifung oder zusätzliche Dämpfung. Diese Veränderung kann sich positiv wie negativ auswirken und hängt von Skimodell, Platte und Bindung ab.
Bei Erhöhungen sind zu beachten:
- das Risiko des Verschneidens (Stelzeneffekt),
- die beeinträchtigte Funktion der Skibremse.

Die Montage sollte daher ausschließlich vom Fachmann erfolgen, der sicherstellen muß, daß trotz zusätzlicher Masse (Gewicht) und Höhe die Bremskraft der Skibremse ausreicht.
Bei bindungsintegrierten Erhöhungen garantiert der Hersteller die einwandfreie Funktion. Im Freizeitsport lassen sich mit Zusatzerhöhungen von rund 10 mm die positiven Aspekte nutzen, ohne die Gefahr des Verschneidens zu erhöhen.
Senioren und gesundheitsbewußte Skifahrer sowie Anfänger brauchen keine Erhöhungen. Das gilt insbesondere für Kinder bis etwa 14 Jahre. Im Rennsport ist der Abstand zwischen Lauffläche der Ski und Schuhsohle auf maximal 55 mm festgelegt, was Zusatzerhöhungen von rund 15 mm erlaubt.

Zielgruppe lt. Fachhandel	Zielgruppe lt. DIN	Fahrkönnen	Tempo	Motivation	Skilänge rund
Easy-Carver	L	Anfänger, Anstemmen	langsam	schnell, freudvoll lernen	170 cm oder kürzer
	A	Paralleles Schwingen auf präparierten Pisten	meist mittel	locker, mit Genuß schwingen	180–190 cm
Allround-Carver	S	Paralleles Schwingen auch auf harter, steiler Piste	mittel bis schnell	Spaß und Erlebnis beim präzisen Schneiden	190 cm
Race-Carver	R	Rennbasistechnik	meist hoch	Bestzeiten fahren, Beschleunigen	190–200 cm
Fun-Carver	I	Paralleles Schwingen	mittel bis hoch	Kurvenkräfte erleben, Taillierung spüren	variabel, extreme Taillierung

Zielgruppen laut DIN: L: Lernender, Anfänger, langsamer Skifahrer, A: Allrounder, S: Sehr guter Techniker, R: Rennfahrer, I: Skifahrer mit individuellen Ansprüchen

Schuh, Bindung und Stock

Spezielle Skischuhe zum Carven sind nicht erforderlich. Da die Technik von der unmittelbaren Bewegungsübertragung beim Aufkanten der Ski lebt, eignen sich besonders Überlapp-, Deckel- und Zentraleinstiegskonstruktionen, da diese über ein Mehrschnallensystem gute Anpaßmöglichkeiten bieten. Heckeinstiegsmodelle besitzen meist keine gute Paßform. Auch unter zu großen Skischuhen leidet die Bewegungsübertragung. Die permanenten Lageregulationen während eines Schwungs erfordern einen nach vorne beweglichen Schaft, dessen Widerstand mit zunehmender Vorlage progressiv ansteigt. Eine individuelle Vorlageanpassung ist wünschenswert. Entscheidend ist eine hohe Seitenstabilität für direkte Kraftübertragung. Skifahren mit Carverski beansprucht den Bewegungsapparat, allen voran die Muskulatur. Mediziner fordern daher Schuhe mit einfach bedienbarem Geh- und Stehmechanismus, damit Muskeln und Gelenke in Ruhephasen regenerieren können.
Da sich die Knochenfestigkeit nicht mit der Fahrtechnik oder der Skikonstruktion ändert, hat das Fahren mit Carverski keinen Einfluß auf die Bindungseinstellung. Auch wenn sich die Fahrkräfte beim Carven etwas erhöhen können, liegen sie in der Regel deutlich unter der eingestellten Auslösekraft der Bindung, wenn diese vom Sportfachmann überprüft wurde.
Auch der Stockeinsatz unterscheidet sich beim Carven nur funktionell gegenüber dem beim herkömmlichen Skifahren. Er begleitet Skifahrer als wichtige Gleichgewichts- und Rhythmushilfe, stützt in der Buckelpiste, erleichtert das Anstehen am Lift und das Aufsteigen, leistet Anschubhilfe in langen Gleitpassagen und unterstützt die Hochbewegung als Entlastungshilfe in Steilpassagen, Engstellen oder im Tiefschnee. Grundsätzlich auf den Stock zu verzichten, ist daher nicht sinnvoll. Für die richtige Länge gilt weiterhin: Körpergröße × 0,7. Oder den Stock auf den Griff stellen und unterhalb des Tellers – also Richtung Griff – greifen: Bei der richtigen Länge ist der Ellenbogen dann genau im rechten Winkel gebeugt.

Auch Kinder können carven

Stark taillierte Ski kommen der kindlichen Fahrweise sehr entgegen und helfen überflüssige Oberkörperbewegungen zu vermeiden. Kinder haben eine relativ schlecht ausgebildete Muskulatur und sind daher beim Kurvenfahren auf die Hilfe äußerer Kräfte angewiesen. Das gilt vor allem für Kinder je nach Entwicklungsstand zwischen drei und etwa acht Jahren. Bei Kindern hängt die Skilänge mit der Körpergröße zusammen:

Skilängen-Empfehlung für Kinder:

- Anfänger:
  Skilänge = Körpergröße minus 10 cm (im Vorschulalter bis minus 20 cm)
- Fortgeschrittene:
  Skilänge = Körpergröße
- Sportliche Fahrer:
  Skilänge = Körpergröße plus 10 cm

Für den Anfängerunterricht sollten die Ski auch in der Skimitte nicht zu schmal sein. Wegen ihrer muskulären »Schwäche« fahren Kinder in relativ gestreckter und aufrechter Position. Stark vorgeschnittene (Vorlage) und steife Skischuhe führen jedoch häufig zu Rücklage. Gerade zum Lernen auf Carverski sind deshalb aufrechte und bewegliche Skistiefel von Bedeutung.

Carving: Safety first!

Sicherheitsbewußtes Verhalten ist für alle Skifahrer wichtig, unabhängig von ihrer Ausrüstung. Deshalb bleibt die Sicherheitserziehung auch ein wesentlicher Bestandteil des Unterrichts mit Carverski. Souveräne Carver halten die FIS-Regeln ein und verfügen über ein sicheres skifahrerisches Können, das ihnen eine Anpassung von Technik, Spurwahl und Tempo an Schnee- und Sichtverhältnisse, Hangsteilheit und Pistenfrequentierung erlaubt. Im Unterricht gilt es nicht nur dieses Wissen und Können zu vermitteln, sondern auch auf eine sicherheitsorientierte Einstellung (siehe Ski-Lehrplan Band 1) hinzuwirken. Gerade Fun- und Race-Carver müssen stets sicherstellen, daß sie mit ihrer Fahrweise nicht andere behindern oder gefährden.
Der Unterricht im Fun-Carven und Carven pur (Race-Carven) findet am besten auf einer übersichtlichen und schwach frequentierten Piste statt. Dabei sollte auch das periphere Sehen der Schüler trainiert werden, etwa durch Carven mit Aufgabenstellungen in abgesteckten Korridoren oder synchrones Schwingen in ausreichendem Abstand nebeneinander. Darüber hinaus sollte sich der Skilehrer immer vor Augen halten, daß sicheres und situativ angepaßtes Carven das Beherrschen geschnittener und gedrifteter Schwünge erfordert.

Merke:
Der Fahrer kann die Sicherheit auf den Skipisten gefährden, nicht der Ski!

Teil 1: Grundschule mit dem Carverski

In der Grundschule wollen wir die Skischülerinnen und Skischüler so weit bringen, daß sie sich in der Sportart angemessen bewegen können. Das ist der motorische Aspekt. Darüber hinaus wollen wir aber auch erreichen, daß bei ihnen die Überzeugung entsteht, die Aufwendungen haben sich gelohnt, ein Weitermachen wird gar nicht erst infrage gestellt. Es ist schön, daß der neue Carverski diese motorischen und emotionalen Ziele von Anfang an unterstützen kann. Das Gewöhnen an das neue Sportgerät ist nicht komplizierter als es beim alten war, an einigen Stellen bietet es sogar Möglichkeiten, noch schneller zu den eigentlichen Empfindungen kommen zu können. Deshalb bleibt die Grundschule in ihrem bisherigen Aufbau erhalten: Es wird mit ersten Erfahrungen begonnen, es geht weiter zum Erlernen der ersten Richtungsänderungen. Hierbei ist auf die Besonderheiten des Carverski jedoch sehr genau zu achten. Und es bieten sich wieder mehrere Bereiche an, in denen die Erfahrungen erweitert werden sollten.

Erste Erfahrungen mit dem Carverski

In diesem ersten Lernabschnitt geht es darum, mit dem Carverski zunächst alltagsnahe Bewegungen auszuführen (= 1. Aufgabenfeld), dann intensiv Gleiterfahrungen zu sammeln (= 2. Aufgabenfeld) und schließlich mit Richtungsänderungen erste einfache Abfahrten zu bewältigen (= 3. Aufgabenfeld). Durch den Einfluß der stark taillierten Carverski spürt der Anfänger viel deutlicher als in der Vergangenheit, wie die Ski aus eigener Kraft in und durch die Kurve ziehen. Damit die Ski aber diese Dynamik entwickeln können, müssen sie durch gezielte Bewegungen belastet und gekantet werden. Etwas formelhaft könnte man als Grundsatz für das Carven zusammenfassen:
Sich bewegen und sich bewegen lassen.
Dies verlangt, daß schon der Anfänger ein sehr intensives Bewußtsein und eine ausgeprägte Sensibilität für die Ski entwickelt, insbesondere für das Fahren längs der Kanten. Man könnte etwas überspitzt formulieren: Die Skikanten müssen während des Lernprozesses im Vordergrund stehen.

Aufgabenfeld 1: Alltagsnahe Bewegungen

Es geht zunächst einmal darum, mit den
- um die Ski verlängerten, von den Stiefeln fest umschlossenen Füßen
- und den um die Stöcke verlängerten Armen

alltagsnahe Bewegungen (Gehen, Treten, Hüpfen, Steigen) auszuführen, um die Ausrüstungsgegenstände in das Körperschema zu integrieren.
Neu ist, daß von Anfang an die Aufmerksamkeit des Lernenden auf die Kanten, den Belastungswechsel von Ski zu Ski und von Kante zu Kante gelegt wird.

Aufgaben:
- ❏ *Den Bau der Ski, vor allem aber Kanten, Belag, Taillierung und deren Funktionen kennenlernen.*
- ❏ *Ski an- und abschnallen; Stöcke richtig fassen.*
- ❏ *Am Ort bewegen: Ski in verschiedene Raumrichtungen heben, sie flach wie gekantet aufsetzen, drehen und schieben; mit und ohne Stockstütze. Den Körperschwerpunkt bei ruhenden Ski nach allen Raumrichtungen bewegen, ohne das Gleichgewicht zu verlieren. Einbeinig und beidbeinig springen, ohne und mit Veränderung der Skistellung (Pflug-, V-, Parallelstellung).*
- ❏ *In der Ebene mit Gleit-, Gräten-, Scher- und Stemmschritten mit und ohne Stockunterstützung in präpariertem und unpräpariertem Schnee gehen und wenden. Dabei den Kanteneinsatz und den Belastungswechsel besonders betonen.*
- ❏ *An leichten Steigungen mit Treppen- und Grätenschritten auf- und absteigen.*

Hinweis:
Dem Lernenden sollten die mit den Bewegungen verbundenen Sinneswahrnehmungen (muskuläres An- und Entspannen, Druckempfindungen vor allem an den Füßen, Knöcheln und Unterschenkeln) bewußt werden.

Aufgabenfeld 2: Gleiten

Die hier gestellten Aufgaben sollen dem Lernenden entscheidende Schlüsselerlebnisse vermitteln. Beim Gleiten an der Falllinie mit flach aufliegenden Ski erkennt er zunächst, wie die Fahrt beschleunigt wird. Beim Gleiten auf den Kanten erlebt er dann eindrucksvoller als mit herkömmlichen Ski das Kurvengleiten, den richtungsablenkenden Effekt der Taillierung und damit eine Art von »Kurvenautomatik«.
Diese Gleitaufgaben sind durch Aufgaben zu ergänzen, die der Sicherheit dienen: Bremsen, Anhalten, Ausweichen.
Aufgaben zum Springen während der Fahrt vermitteln Spaß, stärken das Selbstvertrauen und erhöhen die Sicherheit.

Aufgaben:
Die folgenden Aufgaben setzen einen breiten, planen Hang mit Auslauf voraus.
- ❏ ***Schußfahren** zunächst in der mittleren Position, d.h., der Körper nimmt weder Vor- noch Rücklage ein, er ist weder aufrecht noch stark gebeugt. Dabei die Fahrstrecke allmählich steigern. Mit verschieden breiten Skistellungen (von parallel eng bis deutlich offen) und unterschiedlichen Skiführungen (Ski plan, ganz leicht nach innen bzw. nach außen gekantet) gleiten. Dann Schußfahren mit Abweichen von der mittleren Position: sehr geduckt oder ziemlich aufrecht oder in leichter Vor- oder Rücklage gleiten. Dabei bewußt machen, daß die mittlere Position sicher und kraftsparend ist. Alle hier aufgeführten Aufgaben könnten unter dem Motto stehen: **»Sich bewegen lassen«.***
- ❏ ***Schußfahren und dabei Bewegungen ausführen:** Mit den Stöcken anschieben, zwischen Vor- und Rücklage, zwischen*

Pflugbogen
mit dem Carverski

Damit die Kurvenfahrt durch die Taillenwirkung ermöglicht wird, muß am Außenski Druck aufgebaut werden durch

- Belasten und
- Aufkanten

Belastungswechsel von der Steuerkante des Außenski auf die Steuerkante des kommenden Außenski

hoher und tiefer Körperstellung wechseln. Auch die Skistellung verändern: Die Ski parallel seitwärts versetzen, eine leichte Pflugstellung einnehmen, moderate Schlittschuhschritte ausführen. Auch die Skiführung verändern: Die plan geführten Ski leicht nach innen oder nach außen aufkanten. Gleiten und dabei die Belastung auf beide Ski gleich verteilen oder überwiegend nur einen Ski belasten. Diese Aufgaben stehen unter dem Motto ***»Sich bewegen lassen und sich bewegen«.***

- ❑ ***Schußfahren über kleine Wellen, Kanten oder Schanzen:*** *Sich dabei zunächst abheben lassen, dann auch aktiv wegspringen.*
- ❑ ***Ausweichen und Anhalten:*** *Zunächst Schußfahren, dann mit Parallel- oder Scherschritten (= Bogentreten) zur Seite ausweichen. Das Bogentreten aus der Fallinie führt bergwärts und dadurch zum Anhalten.*
- ❑ ***Vom Gleiten geradeaus zum Kurvengleiten:*** *Schußfahren zunächst nur leicht von der Falllinie abweichend. Bei zunehmend schrägerer Spuranlage vermehrt auf den Kanten fahren und den Bergski vor dem Talski führen. Dabei gleiten die Ski auf den Kanten wegen der ausgeprägten Taillierung sicht- und spürbar entlang einer Kurve. Bei sehr schrägem Verlauf der Spur zur Fallinie die Knie verstärkt bergwärts drücken und den Rumpf gleichzeitig im Sinne einer Ausgleichsbewegung in Richtung Talski führen. Bewußt machen, daß so die Kurven immer stärker gekrümmt werden. Spurbilder betrachten, vergleichen und auswerten!*
- ❑ *Bei langsam steigendem Tempo in der Schrägfahrt, dann auch näher der Fallinie den Notsturz erproben: nach hinten seitlich bergwärts absitzen.*

Offene Pflugstellung

Hinweis:
Bei allen Aufgaben sollen nach den ersten Versuchen die Bewegungen variiert werden: Variables Lernen!
Dadurch wird verhindert, daß sich starre Haltungen, normierte Positionen und Bewegungen einschleifen.

Aufgabenfeld 3: Folgen von Richtungsänderungen

Grundlage für jede sichere, kontrollierte Abfahrt ist eine Folge von Richtungsänderungen. Sie ermöglicht es, eine Abfahrt in ihrer vollen Breite zu nutzen und sich immer wieder der Fallinie zu entziehen. Die Aneinanderreihung von Pflugbögen, die auch durch Schrägfahrten verbunden werden können, ist für viele Lernende die geeignetste Lösung dieser Aufgabe. Dabei steht beim Carverski weniger die Tempokontrolle durch Bremsen (Driften, Rutschen) im Vordergrund. Vielmehr unterstützt dieser Ski das rasche Fahren über die Fallinie und damit die Tempokontrolle durch die Spuranlage.

Aufgaben:

- ❑ *Pflugbögen nahe der Fallinie mit offener Pflugstellung: Die Skispitzen haben zwei bis drei Handbreiten Abstand, die Skienden sind dagegen nicht extrem geöffnet. Durch seitlichen Belastungswechsel Druck auf der jeweiligen Steuerkante des Außenski aufbauen und damit kurzes Kurvengleiten erreichen.*
- ❑ *Pflugbögen zunächst nahe der Fallinie. Durch verstärktes Aufkanten (bogenäußeres Knie bogeneinwärts drücken) stärker von der Fallinie abweichen.*
- ❑ *Pflugbögen mit deutlichem Abweichen von der Fallinie. Am Bogenende in die parallele Skistellung übergehen und eine kurze, zum nächsten Pflugbogen überleitende Schrägfahrt einbauen.*

Hinweis:
Die offene Pflugstellung
- verhindert muskuläre Verspannungen,
- bedingt keine besondere Beweglichkeit in den Hüften,
- ermöglicht den schnellen Abbau zur parallelen Skistellung,
- erleichtert das Kurvengleiten auf dem Außenski.

Deutlich parallel-offene Skistellung

Erste Erfahrungen mit dem Carverski

Aufgabenfeld 1:

- Alltagsnahe Bewegungen mit dem Carverski

Aufgaben:

- Am Ort bewegen
- An kleinen Steigungen auf- und absteigen
- In der Ebene gehen

Ziele:

- Sich bewegen und dabei die Ausrüstung »einverleiben«
- Belastungswechsel , Kanten, Gleichgewicht

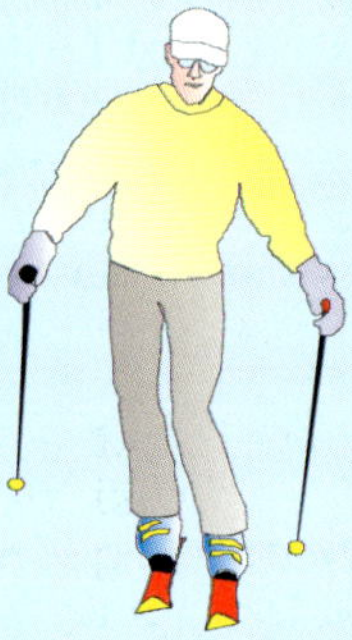

Aufgabenfeld 2:

- Gleiten mit dem Carverski

Aufgaben:

- Schussfahren
- Kurvengleiten
- Ausweichen und Anhalten

Ziele:

- Erleben, wie man bewegt wird
- Taillierungswirkung der Ski erfahren

Aufgabenfeld 3:

- Folgen von Richtungsänderungen

Aufgaben:

- Pflugbögen
- Pflugbögen und Schrägfahrten verbinden

Ziel:

- Erleben, wie man bewegt wird und wie man sich bewegen muss, um erste sichere Abfahrten zu meistern

Paralleles Grundschwingen mit dem Carverski

Technikleitbild des Parallelen Grundschwingens

Im Lernabschnitt »Erste Erfahrungen« wurde schon sehr früh große Aufmerksamkeit der ausgeprägten Taillierung und dem Kanten der Carverski geschenkt. Der Lernende ist dahingehend sensibilisiert, daß durch Belasten und Kanten, also durch (Kanten)Druckaufbau, die Ski aus eigener Kraft eine Kurve fahren können. Erste leichte Abfahrten kann er mit gepflügten Richtungsänderungen schon bewältigen. Jetzt setzt er sich das Ziel, leichte bis mittelschwere Abfahrten mit durchgehend paralleler Skistellung rhythmisch und flüssig zu bewältigen. Dieses Ziel läßt sich mit Unterstützung der Carverski nicht nur leichter, sondern auch mit einer deutlich verbesserten Steuerqualität erreichen als dies mit herkömmlichen Ski möglich war. Zu diesem Zweck muß der Schüler in erster Linie jetzt Sicherheit und Selbstvertrauen

- im Umkanten (Kantwechsel),
- im Belastungswechsel (von einem auf den anderen Ski)
- und im Kurvenlagewechsel

erlangen.

Die Carverski unterstützen das Kurvengleiten in einem bislang nicht gekannten Ausmaß. Dennoch wird bei geringem Tempo von der Mehrheit der Schüler in den meisten Situationen die ganze Bandbreite zwischen reinem Kurvengleiten (dem Carven pur) und rutschendem Steuern (dem Kurvendriften) ausgeschöpft. Weicher Schnee, steilere Passagen, welliges bis buckliges Gelände, enge Kurven, stark frequentierte Pisten erfordern ein deutliches Abweichen vom »Carven pur«.

So stellt sich jetzt die Frage, wie das Bewegungsmuster des Parallelen Grundschwingens aussieht, das die Vorzüge der Carverski zur Geltung bringt, individuell und situativ anpassungsfähig ist und Sicherheit und raschen Lernerfolg garantiert.

Dem Lernenden ist die Vorstellung zu vermitteln, daß die einzelnen Körperteile für das Schwingen klar umrissene Aufgaben übernehmen müssen:

- Die **Beine** regulieren über Füße, Knöchel, Unter- und Oberschenkel die Kant- und Skistellung und damit ganz wesentlich das Kurvengleiten.
- Der **Rumpf** ist mit seiner relativ großen Masse weitgehend ruhig zu führen. Er wird eingesetzt, um die Belastung der Ski zur Seite (Außen-/Innenski) und vor-/rückwärts (Vorlage, Mittellage, Rücklage) zu regulieren.
- Die um die Stöcke verlängerten **Arme** sichern das seitliche Gleichgewicht sowohl in der Schwungwechselphase als auch in der Schwungsteuerphase.
- Auf aktive Bewegungen des **Beckens** wird weitgehend verzichtet.

Und so sieht das Bewegungsschema für das Parallele Grundschwingen mit dem Carverski aus:

- Beginnend mit einer kurzen Schrägfahrt in paralleler, deutlich offener Skistellung in mittlerer Position wird durch eine seitliche Schwerpunktverschiebung die Belastung auf den künftigen Außenski verlagert.
- Unmittelbar danach werden Knie und Unterschenkel mit Hilfe der Oberschenkel talwärts bewegt. Auf diese Weise wird der künftige Außenski unter Druck, der Innenski weitgehend entlastet umgekantet.
- Mit dem Umkanten neigt sich neben den Beinen auch der ganze Körper angemessen kurveneinwärts, der Oberkörper orientiert sich dagegen früh in Richtung Außenski. Ein talseitiger Stockeinsatz kann den Belastungs- und Kurvenlagewechsel unterstützen.
- Die Kurvenfahrt selbst (»Steuerphase«) wird weitgehend durch die Taillierung der Ski bewirkt. Auf Mittellage und Außenskibelastung (durch Orientierung des Oberkörpers zum Außenski) ist zu achten.
- Gegen Kurvenende wird erneut der Belastungswechsel und damit die Schwungwechselphase begonnen, in deren Verlauf umgekantet und Kurvenlage eingenommen wird.

Paralleles Grundschwingen mit dem Carverski kann also auf die **Kurzformel** gebracht werden: »Erst Druckaufbau durch Belastungswechsel und Aufkanten, dann den Ski selbst die Richtung ändern lassen«.

Paralleles Grundschwingen mit herkömmlichen Ski funktioniert dagegen mehr nach der Kurzformel:

»Erst Druckabbau und Ski andrehen im Hochgehen, Druckaufbau im Tiefgehen und den Außenski aktiv mit dem Oberschenkel drehen«.

Die Vertikalbewegung stellt somit die Verbindung und die Übergänge zwischen diesen beiden »Bewegungsformeln« her. Je dynamischer und umfangreicher die Hochtiefbewegung ausgeführt wird, desto mehr driftend fährt man auch mit dem Carverski.

Paralleles Grundschwingen mit dem Carverski

Paralleles Grundschwingen mit dem Carverski

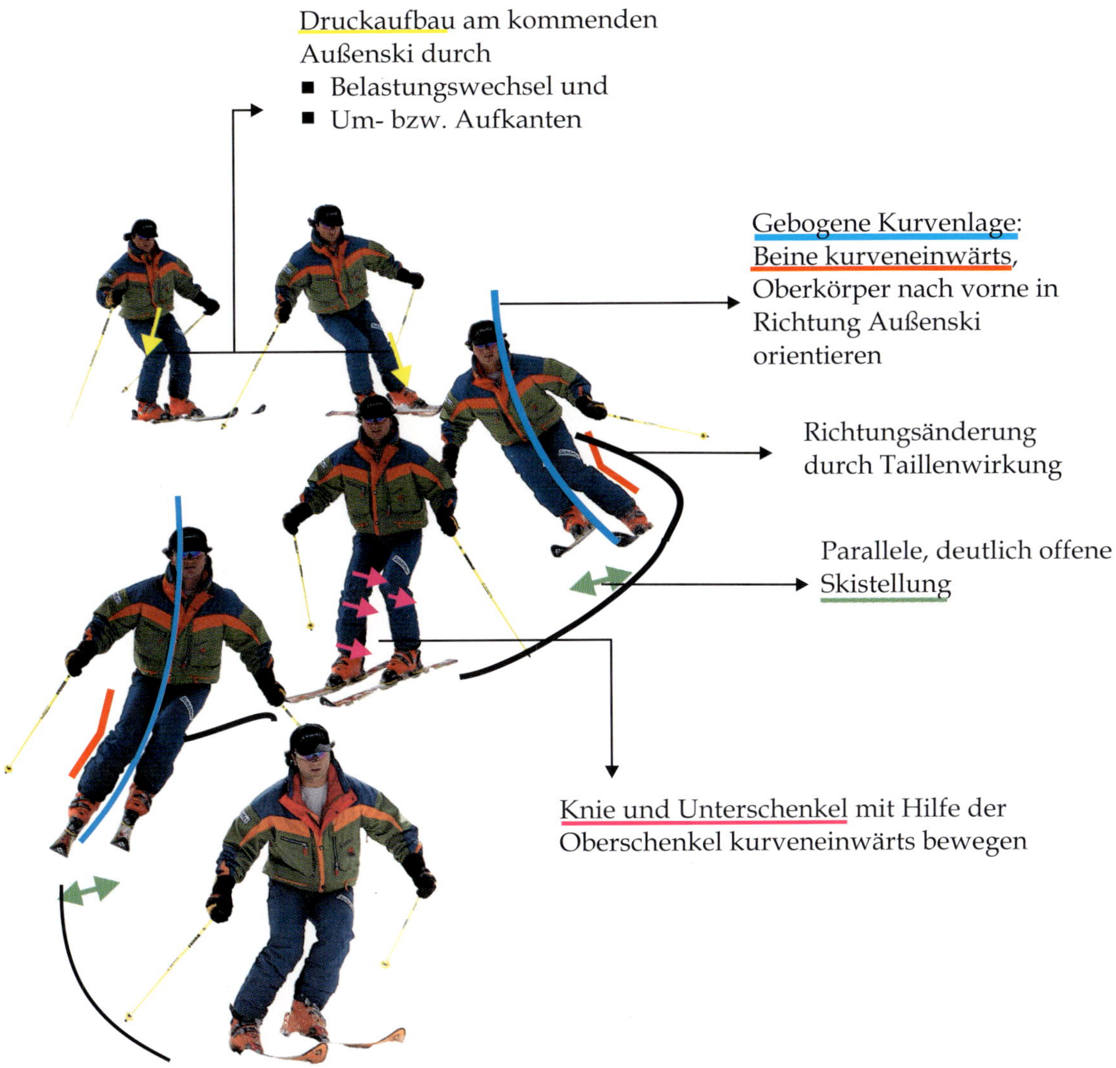

Der Spielraum zwischen Kurvengleiten und Kurvendriften

Reines Kurvengleiten = Carven pur = Schneiden: Kurvenfahren ohne Driften

Kurvengleiten mit minimalem Driften

Übergang vom Kurvengleiten zum Kurvendriften

Übergang vom Kurvendriften zum Kurvengleiten

Reines Kurvendriften = Drehrutschen

Vom Kurvengleiten zum Kurvendriften

<u>Formel für das Kurvengleiten:</u>

- Erst Druckaufbau durch Belastungswechsel und Aufkanten,
- dann die Ski selbst die Richtung ändern lassen.

<u>Formel für das Kurvendriften:</u>

- Erst Druckabbau und Ski andrehen,
- dann Druckaufbau durch Kanten und Ski mit Muskelkraft drehen.

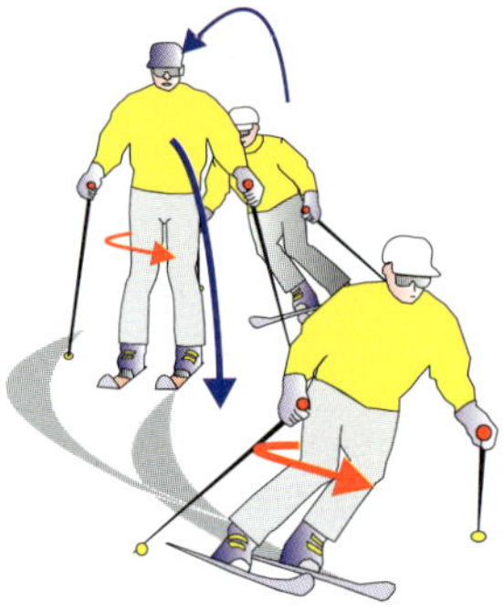

Methodik des Parallelen Grundschwingens

Die von Wetter, Schnee und Schülern beeinflußten Unterrichts- bzw. Lernsituationen sind zu vielfältig und komplex, als daß es den »Königsweg« zum Parallelen Grundschwingen geben könnte.
Vielmehr existiert ein methodisches Wegenetz, das einem Straßennetz vergleichbar ist, mit dessen Hilfe die Schüler in flexibler Weise unter Anpassung an die Unterrichtsbedingungen von den »Ersten Erfahrungen« zum Parallelen Grundschwingen geführt werden können.
Wie in jedem Straßennetz gibt es auch hier Hauptwege, vergleichbar mit den Hauptstraßen, an denen man sich in erster Linie orientiert:

- Weg: Kurvengleiten mit paralleler Skistellung.
- Weg: Kurvengleiten mit Pflugstellung (Modifikation des Weges Pflugdrehen).
- Weg: Kurvengleiten mit Pflug- und paralleler Skistellung im Wechsel (Modifikation des Weges Pflugschwingen).

Jeder dieser drei (Haupt)Wege besteht aus vier Aufgabenfeldern, die im Ski-Lehrplan Band 1 als Teilziele bezeichnet wurden. Dies sind Etappen, auf denen man sich dem Ziel nähert.
Diese drei (Haupt)Wege liegen aber keinesfalls isoliert nebeneinander. Vielmehr besteht die Möglichkeit, unter bestimmten Unterrichtszwängen von einem Hauptweg zu einem anderen zu wechseln. Ganz so, wie man von einer Hauptstraße, wenn es die Verkehrssituation erfordert, mit Vorteil auf eine andere Hauptstraße wechselt. So können sich diese Wege gegenseitig ergänzen und befruchten. Jeder Lehrer kann einen Weg für seine Schülergruppe zusammenstellen, ihn maßschneidern:
Die Wege können miteinander zu einem Wegenetz verknüpft werden. Innerhalb dieses Netzes kann man situations- und schülerbedingt vorgehen.

Weg: Kurvengleiten mit paralleler Skistellung

Von diesem Weg haben Generationen von Skilehrern und Skischülern geträumt: Auf direktem, kurzem Weg vom Schußfahren zum Parallelen Schwingen gelangen. Die Carverski lassen ihn erstmals Realität werden.
Diesem Weg liegt die folgende Überlegung zugrunde: Wenn der Lernende das Kurvengleiten in verschieden steilen Schrägfahrten beherrscht, dann vermag er bereits jenen Teil eines Schwunges zu fahren, der aus der Fallinie führt. Durch Fahren zunächst ganz nahe an der Fallinie eignet er sich dann leicht auch das Kurvengleiten über die Fallinie an. Gleiches gilt für den Kurvenwechsel.
Schließlich ist die Spur nur noch auszuformen: sie muß stärker von der Fallinie abweichen und kleinere Radien aufweisen.
Dieser Weg kann geradewegs gegangen werden, wenn

- ein breiter, flacher und planer Hang zur Verfügung steht,
- der Schnee griffig ist,
- die Schüler motorisch gut begabt sind und keine Angst vor dem Tempo haben.

Aufgabenfeld 1: Kurvengleiten mit paralleler Skistellung im Schwungfächer

- ❑ Kurvengleiten beim Schrägfahren zu beiden Seiten; verschieden steile Anfahrten wählen.
  Durch stärkeres Kanten und Rumpfausgleich erkennen: Wenn der Kantwinkel erhöht wird, dann gleiten die Ski längs einer engeren Kurve.
- ❑ Wie oben, dabei die Körperstellung und Skistellung variieren: von der tiefen bis zur hohen Körperstellung, von der engen bis zur deutlich offenen Skistellung. Dabei zur Einsicht kommen: Je tiefer die Körperstellung und je offener die Skistellung, desto größer ist der seitliche Bewegungsspielraum der Beine für das Kanten.
- ❑ Schwungfächer zum Hang. Dabei die Anfahrt immer steiler legen, bis der Schwung aus der Fallinie anzusetzen ist. Schließlich sogar leicht über die Fallinie hinweg»kurven«. Bei jeder Fahrt versuchen, so weit wie möglich den Hang hinaufzufahren. Auch das Fahrtempo variieren.

Aufgabenfeld 2: Kurvengleiten mit paralleler Skistellung nahe der Fallinie

- ❑ Im Stand, zunächst ohne, dann mit Ski, durch seitliches Kippen der Unterschenkel die Ski aufkanten; auch nur einbeinig; mit und ohne seitliches Abstützen auf den Stöcken.
- ❑ In der Fallinie anfahren und ein oder beide Knie zur Seite drücken. Nach kurzem Kurvengleiten die Knie zur ande-

Kurvengleiten mit
paralleler Skistellung
Belastungswechsel
Knie nach innen drücken und damit
Kantendruck aufbauen
Innenkante = Steuerkante
Kurvengleiten = Kurvenfahren ohne Driften

ren Seite drücken. Dabei kann die Vorstellung vorteilhaft sein, mit den Füßen die Ski auf die Kanten zu stellen. Auf eine ruhige Rumpfführung achten. Mit und ohne Stockeinsatz, aber auch ganz ohne Stöcke fahren und die Arme ganz ruhig vor dem Körper tragen.

- ❏ Mit unterschiedlichen Bewegungsfrequenzen schwingen.

Aufgabenfeld 3: Kurvengleiten mit paralleler Skistellung und deutlichem Abweichen von der Fallinie

- ❏ Kurvengleiten zunächst nahe der Fallinie; dann durch längeres Gleiten deutlicher aus der Fallinie herausfahren. Dabei zunächst die Ski geduldig umkanten. Dann auch entschlossener und schneller umkanten. Darauf achten, daß der Oberkörper sich während der Steuerphase nach vorne zum Außenski orientiert.
- ❏ Kurvengleiten mit Richtungsänderungen schräg zum Hang (»Hanggirlande«).

Aufgabenfeld 4: Kurvengleiten mit paralleler Skistellung und variabler Spuranlage

- ❏ Schwungfächer wiederholen. Durch betontes Kanten möglichst kleine Kurvenradien erzielen. Erkennen, daß durch die Taillenwirkung der Ski allein die Radien nicht beliebig klein gemacht werden können. Weitere Radiusverkürzung durch aktives Drehen mit dem Außenbein, aber auch durch eine mehr oder weniger ausgeprägte Hoch-Tief-Bewegung; Steuern mit Driftanteilen. Spuren vergleichen und auswerten!
- ❏ Stoppschwung aus der Schrägfahrt, aus der Fallinienfahrt und aus der Fahrt über die Fallinie.
- ❏ Schwingen um Markierungen mit verschiedenen seitlichen und vertikalen Abständen. Dabei, wenn nötig, die Ski zusätzlich mit dem Außenbein drehen.
- ❏ Schwingen mit unterschiedlichen Taktvorgaben: während eines Schwunges bis zwei oder bis drei oder bis … zählen.

Aufkanten der Ski mit den Beinen

Durch seitliches Kippen der Unterschenkel werden die Ski aufgekantet. Hierzu werden die Knie mit Hilfe der Oberschenkel zur Seite gedrückt.

Weg: Kurvengleiten mit paralleler Skistellung

Aufgabenfeld 1:
Kurvengleiten mit paralleler Skistellung im Schwungfächer

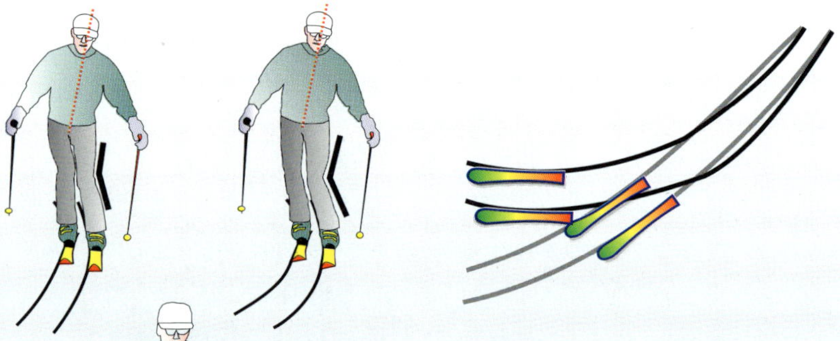

Aufgabenfeld 2:
Kurvengleiten mit paralleler Skistellung nahe der Fallinie

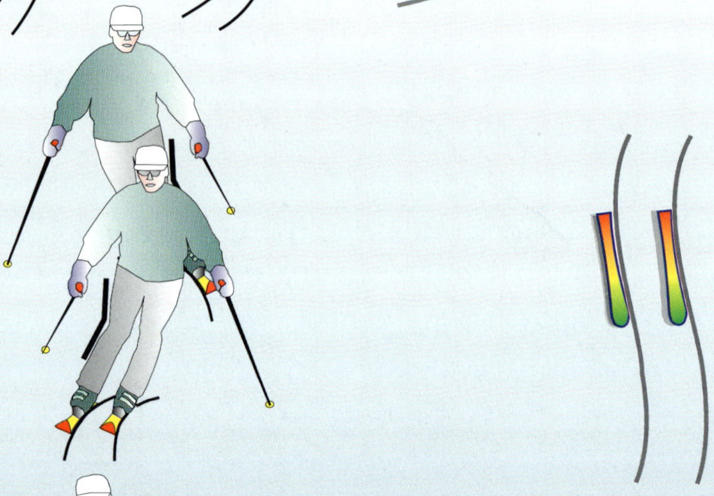

Aufgabenfeld 3:
Kurvengleiten mit paralleler Skistellung bei deutlichem Abweichen von der Fallinie

Aufgabenfeld 4:
Kurvengleiten mit paralleler Skistellung und variabler Spuranlage

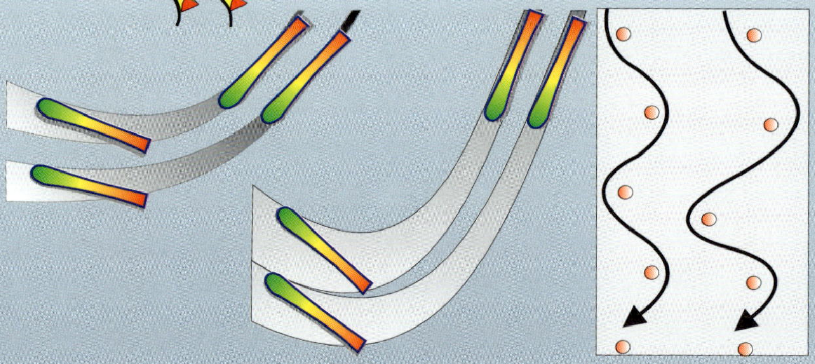

Weg: Kurvengleiten mit Pflugstellung

(Modifikation des Weges Pflugdrehen)

Dieser Weg geht von der Überlegung aus, daß die sog. offene Pflugstellung, bei der die Skispitzen einen deutlichen Abstand aufweisen und zugleich der Abstand der Skienden moderat ist, eine vorzügliche Ausgangsposition für das Kurvengleiten darstellt. Diese offene Pflugstellung
- ermöglicht gleitende Richtungsänderungen ohne Umkanten,
- ist weder anstrengend noch sperrig
- und erleichtert das beim Übergang zur parallelen Skistellung notwendige Umkanten des Innenski.

Kurvengleiten mit dieser offenen Pflugstellung nahe der Falllinie ermöglicht dem Lernenden, sich in einer rhythmischen Folge von Richtungsänderungen ganz auf den sorgfältigen Druckaufbau auf der jeweiligen Steuer- oder Führungskante zu konzentrieren. Höheres Tempo bei betontem Belastungswechsel gestaltet den Übergang zur parallelen Skistellung problemlos.

Dieser Weg verlangt einen flachen und planen Hang. Im Gegensatz zum Weg »Kurvengleiten mit paralleler Skistellung« ist das Fahrtempo etwas geringer, die Fahrweise aber betont rhythmisch. Dieser Weg setzt weder eine überdurchschnittliche motorische Begabung voraus, noch stellt er besondere Anforderungen an den Mut der Lernenden.

Aufgabenfeld 1: Kurvengleiten mit Pflugstellung nahe der Fallinie

- ❏ Zunächst im Stand die offene Pflugstellung einnehmen und die Belastung feinfühlig von einer Innenkante auf die andere wechseln. Das Knie des belasteten Beines zusätzlich nach innen drücken und erkennen, daß dadurch der Kantwinkel erhöht wird.
- ❏ Mit offener Pflugstellung zunächst ein kurzes Stück entlang der Fallinie geradeaus fahren. Dann die Belastung feinfühlig ganz auf eine Innenkante verlagern und das Kurvengleiten durch die Taillenwirkung auslösen. Nach kurzer Fahrt die Belastung nun auf die andere Innenkante verlagern und wieder ein Stück Kurvengleiten, usw. Auch mit Stockeinsatz. Eine weiche, nicht zu umfangreiche, aber gefühlvolle Hochtiefbewegung kann den Belastungswechsel, den Druckaufbau und die Rhythmisierung verbessern.

Aufgabenfeld 2: Kurvengleiten mit verringerter Pflugstellung nahe der Fallinie

- ❏ Im Stand wie auch im Pflugfahren geradeaus unterschiedlich verringerte Pflugstellungen erproben.
- ❏ Kurvengleiten mit zunehmend verringerter Pflugstellung nahe der Fallinie. Dabei auch die Frequenz der Richtungsänderungen erhöhen; trotzdem aber den Belastungswechsel gefühlvoll durchführen und die Steuerkante des Außenski jeweils richtungslenkend wirken lassen.

Aufgabenfeld 3: Kurvengleiten mit paralleler Skistellung

- ❏ Mit paralleler Skistellung in der Fallinie anfahren und Tempo aufnehmen. Dann ein oder beide Knie zur Seite drücken. Nach kurzem Kurvengleiten die Knie zur anderen Seite drücken. Auf eine ruhige Rumpfführung achten! Mit und ohne Stockeinsatz, aber auch ganz ohne Stöcke fahren und dabei die Arme ruhig vor dem Körper tragen.
- ❏ Mit unterschiedlichen Bewegungsfrequenzen fahren. Dann durch längeres Gleiten deutlicher aus der Fallinie herausfahren. Dabei die Ski zunächst geduldig umkanten. Dann entschlossener und schneller umkanten.
- ❏ Kurvengleiten mit paralleler Skistellung schräg zum Hang.

Aufgabenfeld 4: Kuvengleiten mit paralleler Skistellung und variabler Spuranlage

- ❏ Schwungfächer. Durch betontes Kanten möglichst kleine Kurvenradien ziehen. Erkennen, daß durch die Taillenwirkung der Ski allein die Radien nicht beliebig klein gemacht werden können.
- ❏ Weitere Radiusverkürzung durch aktives Drehen mit dem Außenbein, das durch eine Hoch-Tiefbewegung unterstützt wird. Dabei erkennen: Je kleiner die Kurvenradien sind, desto hilfreicher ist der Stockeinsatz.
- ❏ Stoppschwung aus der Schrägfahrt, aus der Fallinienfahrt und aus der Fahrt über die Fallinie.
- ❏ Schwingen um Markierungen mit unterschiedlichen seitlichen und vertikalen Abständen.

Kurvengleiten mit Pflugstellung

Das bogenäußere Knie wird nach innen gedrückt, um den Außenski aufzukanten.

Kurvengleiten auf der Innenkante, der Steuerkante: Die Ski bewegen sich nahezu ohne Driften.

Belastungswechsel von einem auf den anderen Ski.

Offene Pflugstellung: Die Skispitzen haben einen deutlichen Abstand. Die Skienden zeigen dagegen nicht stark nach außen.

Weg: Kurvengleiten mit Pflugstellung

Aufgabenfeld 1:
Kurvengleiten mit Pflugstellung nahe der Fallinie

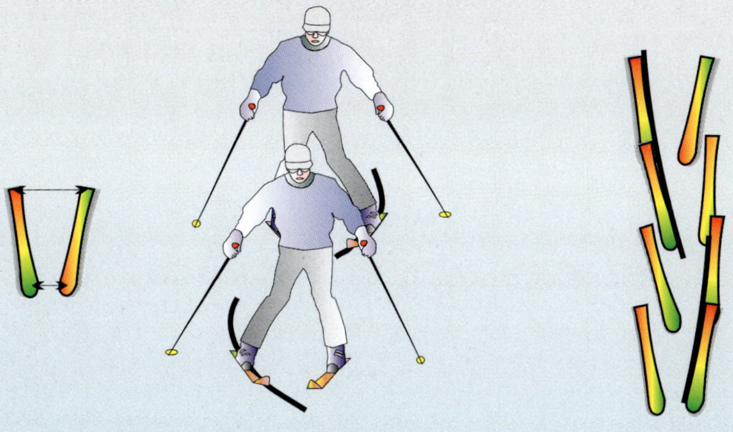

Aufgabenfeld 2:
Kurvengleiten mit verringerter Pflugstellung nahe der Fallinie

Aufgabenfeld 3:
Kurvengleiten mit paralleler Skistellung

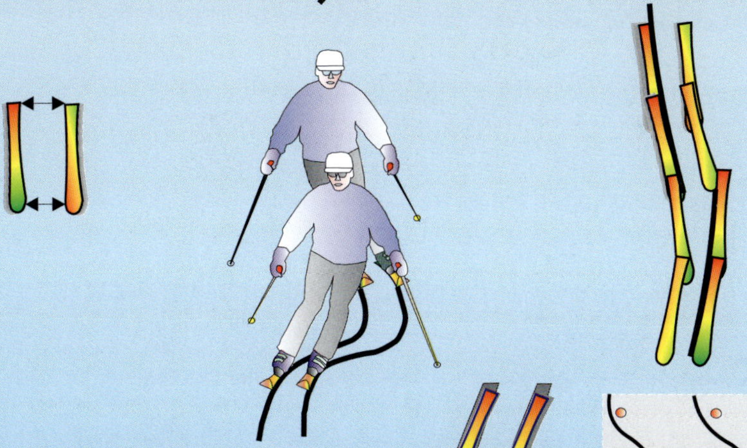

Aufgabenfeld 4:
Kurvengleiten mit paralleler Skistellung bei variabler Spuranlage

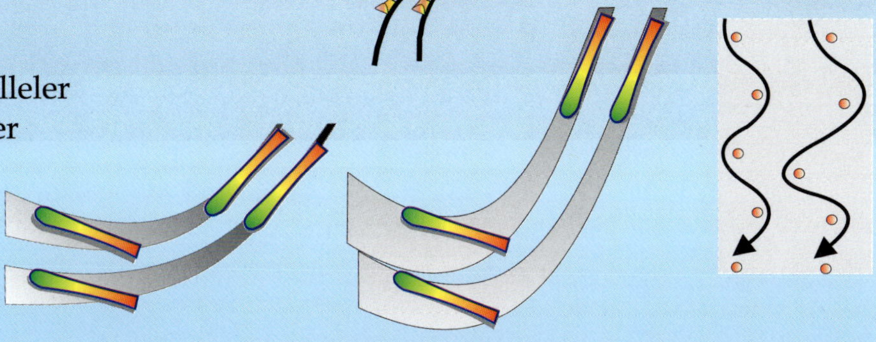

Weg: Kurvengleiten mit Pflug- und paralleler Skistellung im Wechsel

(Modifikation des Weges Pflugschwingen)

Ist das Anfängergelände nicht gleichmäßig flach und plan oder fehlt zudem ein sicherer Auslauf, so sind die beiden beschriebenen Wege nicht problemlos durchgängig unterrichtbar. Gleiches gilt auch, wenn die Schüler motorisch weniger begabt sind. Dann eignet sich eine Vorgehensweise, bei der die Kurven zunächst jeweils mit der sicheren Pflugstellung begonnen und mit der parallelen Skistellung (zu immer größeren Anteilen) fortgeführt werden.

Der Bewegungsablauf kann wie folgt beschrieben werden:
Schrägfahren; Pflugstellung einnehmen und die Steuerkante des künftigen Außenski gefühlvoll (aufsetzen und) belasten. Das Außenknie bei Bedarf nach innen drücken und mit der Taillierungswirkung Kurvengleiten in Pflugstellung. Den Innenski umkanten und in die parallele Stellung zum Außenski bringen – möglicherweise dabei am bogeninneren Stock abstützen; Kurvengleiten bis in die Schrägfahrt. Dann erneut Pflugstellung einnehmen; usw. Darauf achten, daß die Steuerkante des Außenski auch beim Übergang von der Pflug- in die Parallelstellung rund und unterbrechungsfrei die Schwungkurve weiterzieht.

Aufgabenfeld 1: Kurvengleiten mit Pflugstellung bis mindestens in die Fallinie, dann Wechsel in die parallele Skistellung

- Abfahren durch Pflügen über die Fallinie und erst kurz vor Erreichen der Schrägfahrt die Ski parallel führen; kurzes Kurvengleiten. Auch um Markierungen herumfahren; mit Stöcken (mit und ohne Stockeinsatz), aber auch ganz ohne Stöcke.
  Dann die Pflugphase schrittweise verkürzen und die Ski parallel führen, wenn der Außenski die Fallinie überfahren hat.
- Engere Kurven fahren durch stärkeres Aufkanten des Außenski – sowohl in der Pflug- wie auch in der Parallelphase.

Aufgabenfeld 2: Kurvengleiten mit Pflugstellung bis höchstens in die Fallinie, dann Wechsel in die Parallelstellung

- Die Aufgaben aus Feld 1 werden wiederholt. Allerdings steigert man geringfügig das Fahrtempo und legt die Spur näher an die Fallinie. Dadurch fällt es nicht schwer, bereits vor Erreichen der Fallinie die parallele Skistellung einzunehmen. Die Pflugstellung wird nicht nur kurzzeitiger, sondern auch weit weniger ausgeprägt eingenommen. Der Stockeinsatz kann nicht nur den Wechsel von der Pflug- in die Parallelphase unterstützen, sondern auch als »Taktgeber« dienen.
- Jetzt wird versucht, die Kurven schrittweise zunehmend weiter von der Fallinie zu entfernen.

Aufgabenfeld 3: Kurvengleiten mit paralleler Skistellung

- Im Stand ohne Ski durch seitliches Kippen der Unterschenkel die Stiefel aufkanten. Auch nur mit einem Unterschenkel den Stiefel aufkanten. Die Aufgaben mit und ohne Stöcke ausführen.
- Wie oben, jedoch mit Ski.
- In der Fallinie mit paralleler Skistellung anfahren und die Knie zur Seite drücken. Nach kurzem Kurvengleiten die Knie zur anderen Seite drücken. Feine Ausgleichsbewegungen des Oberkörpers sorgen für ein stabiles Gleichgewicht. Auch mit unterschiedlichen Bewegungsfrequenzen Kurvengleiten.

Aufgabenfeld 4: Kurvengleiten mit paralleler Skistellung und variabler Spuranlage

- Schwungfächer: Durch betontes Kanten (Knie kräftig zum Hang drücken; Oberkörper ausgleichend in Richtung Talski nach vorne richten) immer kleinere Kurven fahren. Erkennen, daß durch die Taillenwirkung der Ski allein die Radien nicht beliebig klein gemacht werden können. Weitere Radiusverkürzung durch Drehen mit dem Außenbein in Verbindung mit einer Hochtiefbewegung.
- Stoppschwung aus der Schrägfahrt, aus der Fallinie und sogar aus der Fahrt über die Fallinie.
- Schwingen um Markierungen mit verschiedenen seitlichen und vertikalen Abständen. Schwingen mit unterschiedlichen Taktvorgaben.

Kurvengleiten mit Pflug- und Parallelstellung im Wechsel

Pflugstellung einnehmen und dabei die Steuerkante (Innenkante) des Außenski gefühlvoll einsetzen und belasten.

Innenski umkanten und in die parallele Stellung zum Außenski bringen. Bei Bedarf dabei am Stock abstützen.

Der Außenski gleitet in der Kurve durch die Taillenwirkung. Dieses Kurvengleiten soll durch das Übergehen von der Pflug- in die Parallelstellung nicht unterbrochen werden.

Weg: Kurvengleiten mit Pflug- und Parallelstellung

Aufgabenfeld 1:
Kurvengleiten mit Pflugstellung bis mindestens in die Fallinie, dann Wechsel in die Parallelstellung

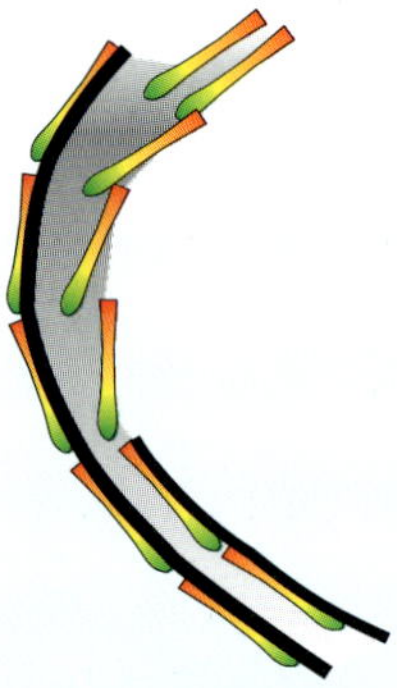

Aufgabenfeld 2:
Kurvengleiten mit Pflugstellung bis höchstens in die Fallinie, dann Wechsel in die Parallelstellung

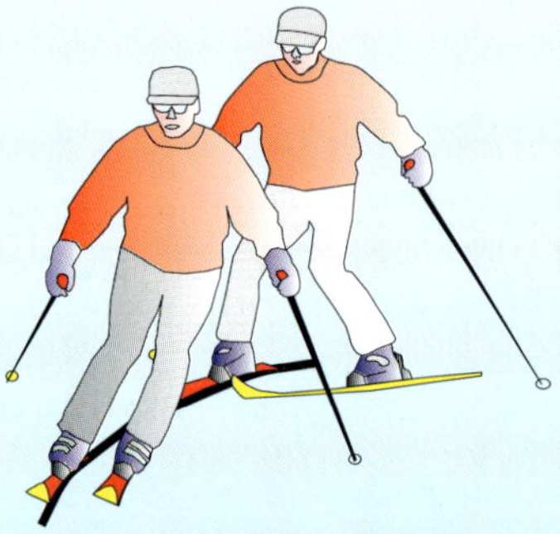

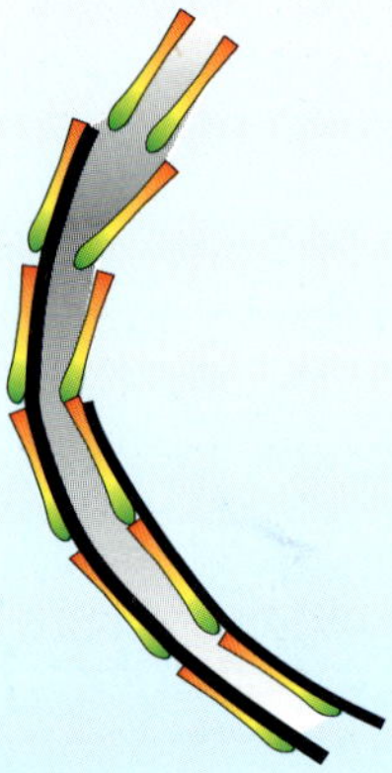

Aufgabenfeld 3:
Kurvengleiten mit Parallelstellung

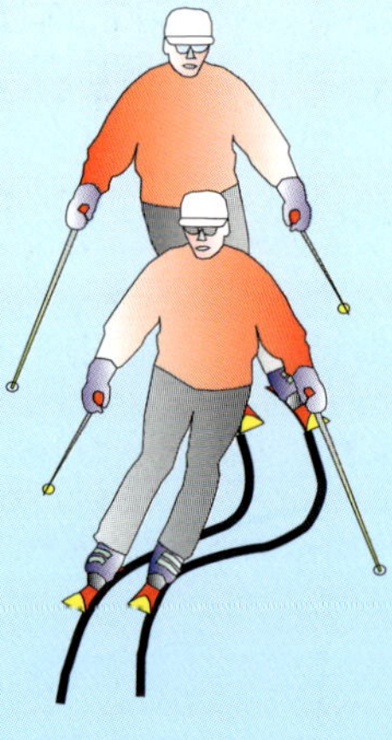

Aufgabenfeld 4:
Kurvengleiten mit Parallelstellung bei variabler Spuranlage

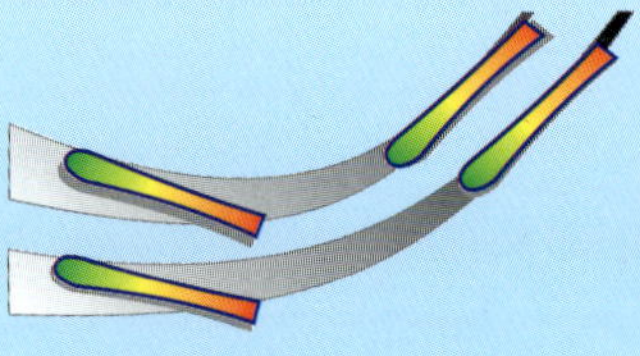

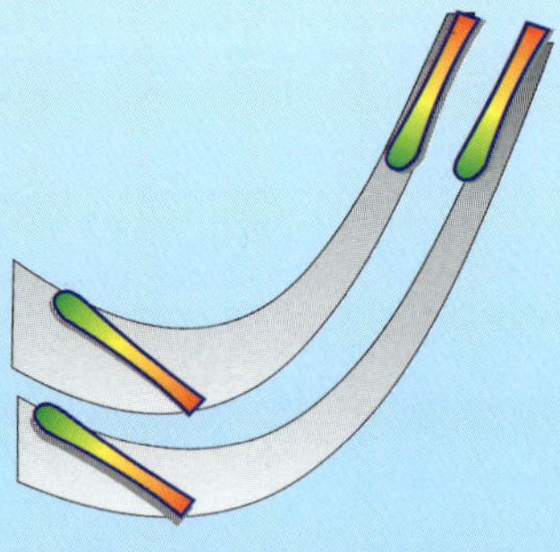

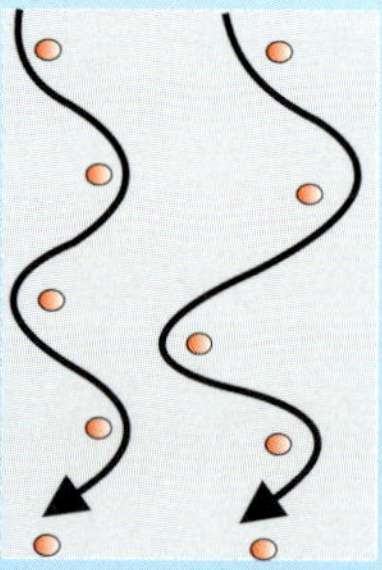

Wegenetz: Die Verknüpfung der Wege miteinander

Die drei beschriebenen Wege haben Modellcharakter. Sie lassen sich dann ohne Schwierigkeiten »durchziehen«, wenn die Unterrichtsituation ebenso modellhaft ist. Die Realität weicht aber oft deutlich vom Ideal ab. Deshalb muß der Lehrer die Aufgabenfelder der Wege geschickt miteinander verknüpfen. Dies zeigen die folgenden Beispiele.

Beispiel 1:

Ein Lehrweg wird zunächst erfolgreich begonnen. Dann stagniert allerdings der Lernfortschritt. Ein Wechsel in Aufgabenfelder anderer Lehrwege kann den Lernprozeß wieder in Gang setzen.

Beispiel 2:

Eine recht heterogene Schülergruppe enthält neben begabten, mutigen auch motorisch schwächere, ängstliche Schüler. Dann ist es sinnvoll, mit der Gruppe zumindest zwei Lehrwege gleichzeitig zu beschreiten: Zunächst Aufgaben aus den ersten Feldern anbieten, dann aus den zweiten usw.

Beispiel 3:

Die Schnee- und Geländesituation verändert sich plötzlich. So kann ein kurzfristiger Witterungsumschwung eine gerade noch angenehm weiche, führige in eine harte, schnelle, ruppige Piste verwandeln.

Beispiel 4:

Der Lehrer arbeitet auf einem gegliederten Hang abwärts. Dann ist es sinnvoll, solche Aufgaben zu wählen, die auf den jeweiligen Hangabschnitten möglich und sinnvoll sind.

Beispiel 5:

Es gibt Schülertypen, die effektiver lernen, wenn sie möglichst viele, verschiedene Aufgabenstellungen angeboten bekommen. Für diese ist die »Parallelschaltung« der Lehrwege vorteilhaft.

Wie organisiert man Carverkurse?

Die Carverski sind bei den Skifahrern noch nicht so verbreitet, daß man davon ausgehen kann, daß Teilnehmer an Skikursen komplett mit Carverski ausgestattet sind. Man kann aber als Skilehrer jederzeit nach dem Carverlehrplan vorgehen, wenn man die Interessenten richtig einteilt. Dabei gibt es zwei Möglichkeiten: die homogene und heterogene Gruppe.

Die homogene Gruppe

Wenn man genügend Kursteilnehmer mit Carverski hat, dann liegt es nahe, diese Teilnehmer in eine Kursgruppe zusammenzunehmen. Ohne Schwierigkeiten kann man diese Gruppe dann in das Carven einführen.

Die heterogene Gruppe

Etwas schwieriger ist es, wenn man nicht genügend Interessenten mit Carverski hat. Man kann jederzeit Teilnehmer mit unterschiedlichen Ski in einer Kursgruppe unterrichten. Entweder vermittelt man die Inhalte des Carverlehrplans, denn dieses methodische Vorgehen läßt sich auch bei normalen Ski anwenden. Die normalen Ski sind auch ein wenig tailliert und verhalten sich ähnlich, d. h. man spürt dieselben Reaktionen nur nicht so intensiv, man muß mehr die Vertikalbewegung und das Beinedrehen einbauen. Oder man wählt unterschiedliche Inhalte: für die eine Kurshälfte nach dem traditionellen Weg, für die andere nach dem Carverlehrplan. Man sollte vielleicht darauf achten, daß man ähnliche Aufgabenstellungen aussucht.

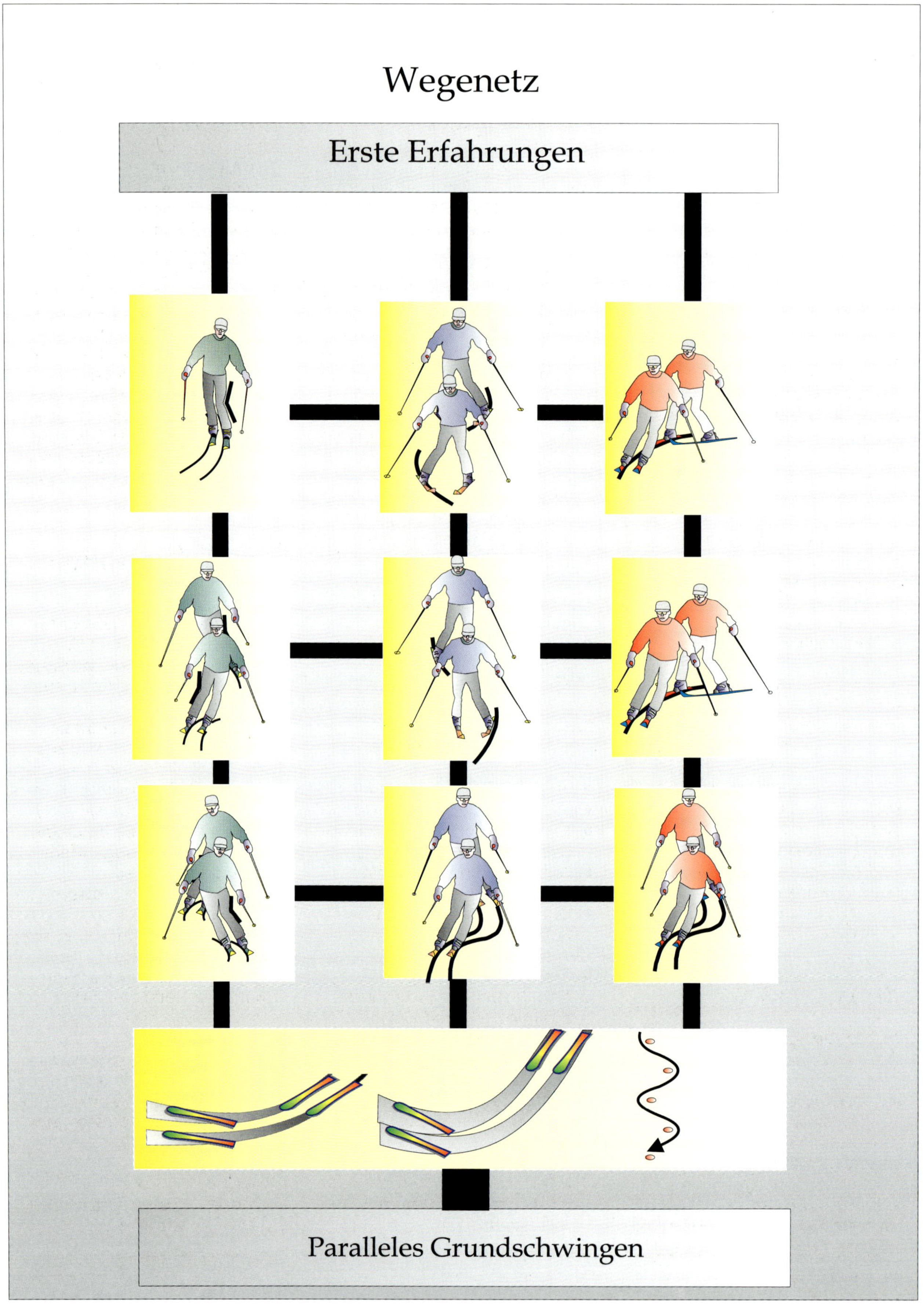
Wegenetz
Erste Erfahrungen
Paralleles Grundschwingen

Erfahrungen mit dem Carverski erweitern

Der Schüler hat bereits das Parallele Grundschwingen erlernt. Der Unterricht wurde so angelegt, daß bei ihm kein starres, sondern ein **variables**, ein offenes Bewegungsprogramm abgespeichert wurde. Somit ist der Schüler vertraut mit dem Verändern von **Ski- und Körperstellungen**, von **Skiführungen und Körperlagen**.
Allerdings hat sich der Schüler bis jetzt fast nur am Übungshang oder auf leichten Abfahrten aufgehalten. Jetzt will er sich auf mittelschwere Abfahrten wagen und sich in anspruchsvolleren Situationen bewähren.
Erfolg ist aber nur dann garantiert, wenn er sein variables Bewegungsprogramm richtig auf die situativen Anforderungen abstimmt, wenn er die **Bewegungsspielräume** zu nutzen lernt. Er muß Erfahrung sammeln, welche Bewegungsausführung in einer Situation Erfolg verspricht und welche nicht. Oder anders ausgedrückt: Er muß Erfahrungen sammeln, wie sich unterschiedliche Bewegungs**ausführungen** (Aktionen und Aktionsverläufe) auswirken **(Funktionalität)** und in verschiedenen **Situationen** (Gelände, Schnee) bewähren.

Bergstemme

Ausführung:
Beim Parallelen Grundschwingen liegen die Ski ständig parallel zueinander. Nur in der Phase des Schwungwechsels wird der Innenski vor den Außenski geschoben (Schrittwechsel). Manchmal ist es sinnvoll, in dieser Phase die parallele Skistellung aufzugeben und den künftigen Außenski entweder zu stemmen, parallel zu versetzen oder zu scheren.

Funktionalität:
Von diesen drei Möglichkeiten ist die erste die mit Abstand wichtigste, weil der Beginn der Kurvenfahrt damit in vielen Fahrsituationen erheblich erleichtert werden kann.

- Die künftige »Steuerkante« läßt sich behutsam und weich in den Schnee setzen.
- Der künftige Außenski kann wegen des fehlenden Schneekontaktes störungsfrei umgekantet werden.
- Die Stemmbewegung gewährleistet einen sicheren Belastungswechsel.
- Ein Teil der Richtungsänderung wird schon durch den Schritt bewältigt. Gerade enge Kurven können so noch gleitend gefahren werden.
- Das bergseitige Stemmen führt ganz fließend in die neue Kurvenlage.
- Durch das Stemmen tastet man sich förmlich in die Kurve hinein.

Situation:
Die Vorteile des Anstemmens erfährt man vor allem

- an engen Pistenabschnitten,
- auf kurzen Steilabschnitten,
- bei ungleichmäßiger, brüchiger Schneeauflage,
- bei Nebel und schlechter Sicht,
- bei schwer drehbarem Schnee.

Aufgaben:

- ❑ *Schußfahren in der mittleren Position und dabei einen Ski leicht parallel versetzen und den anderen nachsetzen. Auch einen Ski ausstemmen oder ausscheren. Dabei auf einen ganz weichen Belastungswechsel achten.*
- ❑ *Gleiche Übung, jedoch in der Schrägfahrt. Den Bergski parallel versetzen, ausstemmen oder aufscheren.*
- ❑ *Kurvengleiten nahe der Fallinie: Dabei den künftigen Außenski zunächst nur wenig ausstemmen, auf der Steuerkante ganz weich den Druck aufbauen, und während die Kurvenfahrt schon beginnt, den Innenski in die parallele Stellung zum Außenski bringen.*
- ❑ *Gleiche Übung wie zuvor. Jetzt aber zunehmend stärker von der Fallinie abweichen.*
- ❑ *Wie zuvor, jedoch zunehmend die Kurvenradien verkleinern.*
- ❑ *Kontrastaufgabe: Schwingen und dabei zu einer Seite die Schwünge anstemmen, zur anderen Seite parallel führen.*
- ❑ *Steigerungsaufgabe: Schwingen und dabei von Schwung zu Schwung immer deutlicher in die Schwungrichtung hineinstemmen.*

Tiefe Fahrposition

Ausführung:
Beim Parallelen Grundschwingen mit dem Carverski fährt man überwiegend mit geringen Abweichungen von der mittleren Position.
Vorübergehend sollte diese aber zugunsten einer tieferen bzw. einer sehr tiefen Fahrposition (= Hocke) aufgegeben werden. Ihre Kennzeichen sind:

- Eine ausgeprägte Beugestellung in den Sprung-, Knie- und Hüftgelenken.
- Das deutliche Herabbeugen des Oberkörpers.
- Die Stöcke werden unter die Arme geklemmt.
- Die Skistellung ist parallel und sehr deutlich offen.

Funktionalität:
Diese tiefe Fahrposition stabilisiert erheblich das Gleichgewicht bei schnellen Kurvenfahrten und verringert zudem den Luftwiderstand.

Situation:
Die Vorteile dieser Fahrposition erfährt man vor allem

- auf langen, breiten, planen und höchstens mittelsteilen Pistenabschnitten,
- bei Gegenwind,
- bei sportlichen Wettkämpfen.

Aufgaben:

- ❑ *Standübung: Unterschiedlich tiefe Positionen und verschieden breit offene Skistellungen einnehmen.*
- ❑ *Schußfahren: Das Tempo allmählich steigern bei einer immer tieferen Fahrposition und einer zunehmend breiten Skistellung. Dabei die Stöcke zunächst seitlich führen und schließlich unter die Arme klemmen.*
- ❑ *Während der Schußfahrt (Gleiten geradeaus) in Hocke beide Knie zu einer Seite drücken mit anschließendem Kurvengleiten zu einer Seite.*
- ❑ *Aufgabe wie zuvor, jedoch nur ein Knie nach innen drücken und Kurvengleiten.*
- ❑ *Wie die beiden letzten Aufgaben, jedoch in der Schrägfahrt.*
- ❑ *Nahe der Fallinie in einer tiefen Fahrposition angleiten. Dann die Knie im Wechsel nach links und rechts drücken, um so langgezogene Kurven aneinanderzureihen.*
- ❑ *Aufgabe wie zuvor; jedoch durch stärkeres Kanten engere Radien erzielen.*
- ❑ *Kontrastaufgabe: Kurvengleiten bei höherem Tempo aufrecht und mit einer schmalen Skistellung im Wechsel mit einer tiefen Position und einer parallel-breit-offenen Skistellung.*

Gerade Kurvenlage

Ausführung:
Beim Parallelen Grundschwingen orientiert sich in der Kurvenlage der Oberkörper in der Regel nach vorne zum Außenski, während die Knie schwungeinwärts geführt werden. Daraus entsteht – von vorne gesehen – eine gewinkelte oder gebogene Körperstellung. Sie ist der Garant für gutes Kanten und ein sicheres seitliches Gleichgewicht. Manchmal läßt es aber die Situation zu, daß auf diese gebogene Körperstellung zugunsten einer – von vorne gesehen – völlig geraden Körperstellung verzichtet wird.

Funktionalität:
In dieser Position wird die Kurvenfahrt deutlich intensiver erlebt, was wohl daran liegt, daß der Kopf in höherem Maß kurveneinwärts bewegt wird.

Situation:
Diese sinnstimulierende gerade Kurvenlage kann man gefahrlos auskosten, wenn eine griffige Schneeunterlage gegeben ist, wenn man eher größere Schwungradien fährt und wenn der Hang plan und nicht zu steil ist.

Aufgaben:

- ❑ *Bewegungsvorstellung: Man vergleiche den Körper mit einem starren Stab, der sich jeweils in die Kurve neigt. Dazu muß der gesamte Körper muskulär ausreichend angespannt sein.*
- ❑ *Standübung: Den aufrechten und angespannten Körper zur Seite kippen. Das Seitfallen mit dem Stock auffangen.*
- ❑ *Schwungfächer: Gefühlvoll die gerade Kurvenlage einnehmen und über die ganze Kurve hinweg beibehalten.*
- ❑ *Kurvengleiten nahe der Fallinie: Dabei jeweils gefühlvoll die gerade Kurvenlage wechseln und jeweils den Druck von Außenski zu Außenski wechseln. Auch ohne Stöcke fahren.*
- ❑ *Steigerungsaufgabe: Durch gesteigertes Tempo und/oder verkleinerte Kurvenradien die Kurvenlagewinkel erhöhen und dabei die gestreckte Kurvenlage einnehmen.*
- ❑ *Kontrastaufgabe: Zu einer Seite mit gerader, zur anderen Seite mit gebogener Kurvenlage fahren.*

Vertikalbewegung

Ausführung:
Beim Parallelen Grundschwingen mit dem Carverski spielt die Vertikalbewegung eine eher untergeordnete Rolle. In manchen Situationen kann sie aber sehr hilfreich sein. Dabei lassen sich zwei gegensätzliche Formen unterscheiden, von denen die erstere den höheren Stellenwert aufweist:

- Zu Beginn der Kurve hochgehen und im weiteren Kurvenverlauf tiefgehen.
- Zu Beginn der Kurve tiefgehen und im weiteren Kurvenverlauf die Beine strecken.
- Die Vertikalbewegung am Kurvenbeginn kann durch den Stockeinsatz wirksam unterstützt werden.

Funktionalität:
Durch eine Vertikalbewegung können die folgenden Ziele erreicht werden:

- Leichteres Um- und Aufkanten der Ski.
- Schnelleres (An)Drehen der Ski.
- Verbesserter Bewegungsrhythmus.

Situation:
Die Vorteile der Vertikalbewegung erfährt man vor allem in folgenden Situationen:

- In steileren Hangabschnitten, weil sich die Ski schneller über die Fallinie drehen lassen.
- In Schnee mit erhöhtem Drehwiderstand, weil dadurch am Kurvenbeginn der Druck abgebaut wird.
- Auf längeren Abfahrten, weil die Schwungfolge rhythmisch und fließend wird.

Aufgaben:

- ❑ *Standübung: Beugen und Strecken; darauf achten, daß die Bewegung in Sprung-, Knie- und Hüftgelenken deutlich und harmonisch erfolgt. Auf einen*

Paralleles Grundschwingen mit dem Carverski

Erfahrungen mit der Vertikalbewegung sammeln

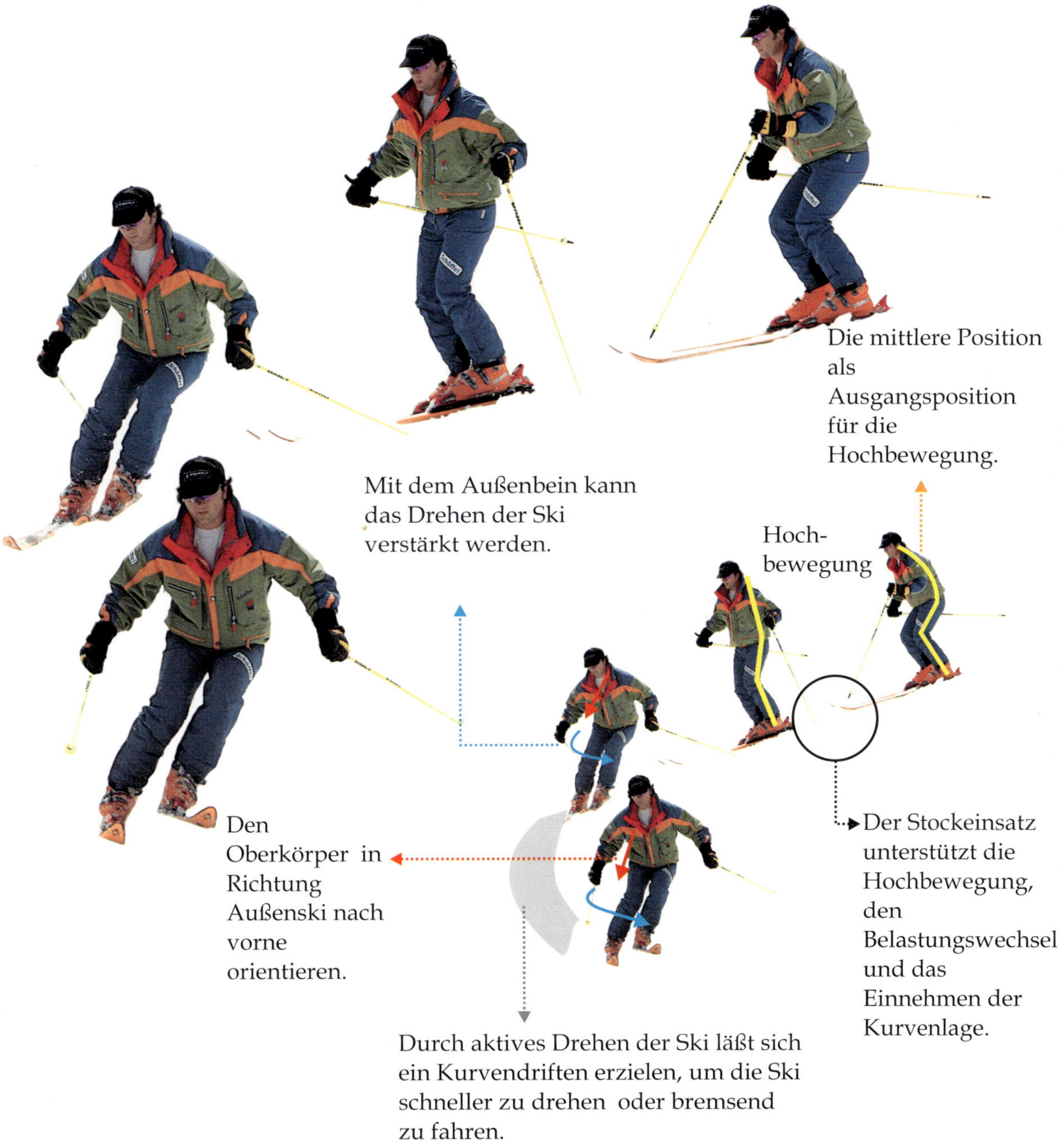

runden Rücken achten. Ein Wippen mit dem Oberkörper vermeiden!
- ❑ *Wie zuvor, jedoch mit dem Hochgehen jeweils die Belastung von einem Bein auf das andere Bein verlagern.*
- ❑ *Wie zuvor, jedoch in der Schuß- und Schrägfahrt. In der Schrägfahrt beim Hochgehen die Ski flachstellen und beim Tiefgehen die Ski aufkanten.*
- ❑ *Schwungfächer: In einer hohen Körperposition anfahren; im Tiefgehen die Knie vorwärts-einwärts führen.*
- ❑ *Kurvengleiten nahe der Fallinie: Dabei am Kurvenanfang mit dem Hochgehen die Belastung wechseln und im weiteren Kurvenverlauf tiefgehen. Durch eine zunehmend dynamischere Hochtiefbewegung immer mehr von der Fallinie abweichen und die Ski aktiv schnell drehen. Die Hochbewegung mit den Stöcken unterstützen.*
- ❑ *Kontrastaufgabe: Mehrere Schwünge mit und ohne Vertikalbewegung im Kontrast fahren. Dabei die Funktionalität in unterschiedlichen Hangneigungen und Schneearten erproben.*

Kurvendriften

Ausführung:
Beim Parallelen Grundschwingen mit dem Carverski steht das Kurvengleiten im Vordergrund. Die Skibahn ist eine je nach Schneehärte mehr oder weniger dicke bzw. tief eingekerbte Linie. Das Fahren in derart eingeschnittenen Skibahnen vermittelt das Gefühl, wie auf Schienen zu fahren und damit ein Gefühl von Stabilität, Sicherheit und Fluß.
Ist die Skibahn jedoch »bauchig« und wischen die Ski über den Schnee, so daß dieser aufgeworfen wird, so sind dies Zeichen für Kurvendriften. Bei genauerem Hinsehen erkennt man, daß sich bei diesem Kurvendriften die Skienden auf anderen, weiter kurvenauswärts liegenden Bahnen bewegen als die Skispitzen.
Das Kurvendriften wird unterstützt, wenn am Kurvenanfang die Ski entlastet und gleichzeitig mit Muskelkraft in Drehung versetzt werden. Auch ein geringer Kantwinkel während der Schwungsteuerung erleichtert das Driften.

Funktionalität:
Durch Kurvendriften lassen sich erstens die Ski schneller drehen, zweitens kann die Fahrt durch die bürstende Bewegung gebremst werden und drittens gelingen Kurven auf engstem Raum.

Situation:
Die Vorteile des Kurvendriftens zeigen sich auf steileren Hangpassagen, an Engstellen, bei schlechter Sicht und wenn schnell angehalten werden muß.

Aufgaben:
- ❑ *Aus der Schrägfahrt durch Tiefgehen zum Schrägrutschen übergehen.*
- ❑ *Aus der Schrägfahrt durch Tiefgehen und Drehen mit dem Talbein zum Drehrutschen übergehen.*
- ❑ *Schwungfächer: Dabei die Kurven durch aktives Drehen der Ski driftend beenden.*
- ❑ *Wie zuvor; jedoch jetzt die Kurven driftend beginnen und gleitend beenden.*
- ❑ *Kontrastaufgabe: Zu einer Seite driftend, zur anderen Seite gleitend Kurven fahren.*
- ❑ *Steigerungsaufgabe: Von Kurve zu Kurve das Driften verstärken und dann wieder abbauen.*

Schwerpunktbahn

Ausführung:
Das Parallele Grundschwingen bei mittleren bis geringen Schwungfrequenzen ist davon gekennzeichnet, daß der Körperschwerpunkt stets der Skibahn folgt. Auf Grund der Kurvenlage decken sich die beiden Bahnen zwar nicht, sie laufen jedoch nebeneinander her und kreuzen sich jeweils beim Kurvenwechsel.
Man kann aber auch den Oberkörper auf einer Bahn ziemlich nahe der Fallinie führen, während die Ski jeweils seitlich vorbeifahren und beim Kurvenwechsel den Oberkörper unterfahren. Man könnte von einer Geradeausfahrt des Oberkörpers bei einer Kurvenfahrt der Ski sprechen.

Funktionalität:
Durch die ruhige und ziemlich geradlinige, von der Skibahn nahezu abgekoppelte Schwerpunktbahn können Beine und Ski flink von einer Seite zur anderen bewegt werden. Auf diese Weise lassen sich hohe Schwungfrequenzen und noch gutes Kurvengleiten miteinander vereinbaren.

Situation:
Die Vorteile dieser Fahrweise erkennt man beim Kurzschwingen mit hoher Frequenz, wenn trotzdem Kraftaufwand und Driften in Grenzen gehalten werden sollen. Auf glatter, eisiger Unterlage kann diese Technik erfolgreich eingesetzt werden.

Aufgaben:
- ❑ *Während der Schußfahrt ein Ziel mit den Augen fixieren, den Oberkörper ganz ruhig führen und dabei die Ski abwechselnd nach links und rechts bewegen.*
- ❑ *Bewegungsvorstellung: Der Kopf bewegt sich beim Kurvenfahren talwärts in der Fallinie, während die Ski Kurven fahren. Je näher ein Körperteil dem Kopf ist, desto geradliniger bewegt er sich zu Tal; je näher ein Körperteil dem Ski ist, desto mehr bewegt er sich zur Seite.*
- ❑ *Steigerungsaufgabe: Die Beine immer schneller und immer weiter zur Seite pendeln.*

Erfahrungen erweitern: Bewegungsspielräume des Parallelen Grundschwingens mit dem Carverski

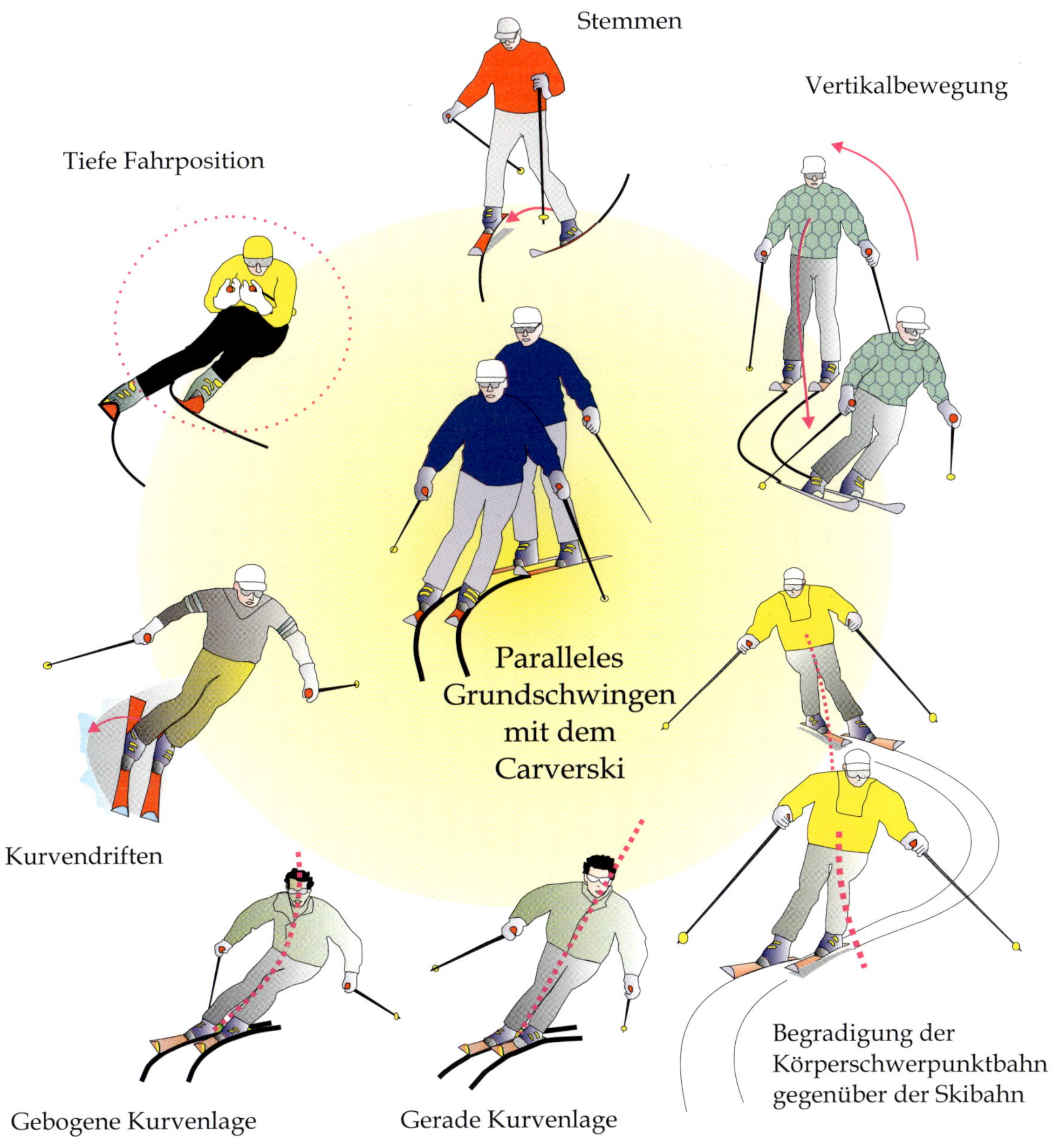

Teil 2: Spezialschule mit dem Carverski

So richtig zur Geltung kommt der neue Skityp erst in der Spezialschule. Das liegt in der Natur der Sache: Jede Spezialisierung eines Geräts läßt noch speziellere Ziele zu.
Zunächst aber muß man darauf hinweisen, daß der Carverski ein sehr guter Ski ist für (fast) alle bisherigen Zielsetzungen. Das macht sich beim Schon- und Comfort-Carven bemerkbar, und es zeigt sich auch beim Tiefschneefahren.
Auf die Spezialitäten stößt man erst, wenn man mit ihm das angehen will, was für manche das eigentlich Neue ist: das Fun-Carven und das Carven pur. Hier existieren zum Teil nur noch ganz vage Verbindungen zur bisherigen alpinen Skifahrweise. Die beiden letzten Abschnitte dieses Lehrplans informieren ausführlich über die neuen Fahrweisen.

Komfort-Carven

Ein kurzer Blick auf die Skipisten zeigt deutlich, wie sich die unterschiedlichen Zielgruppen zahlenmäßig verteilen. Neben einer relativ geringen Anzahl von Anfängern, Racern oder Fun-Carvern sehen wir eine große Mehrheit von Skifahrern, die ihre Begeisterung aus der Bewegung in der Natur, dem rhythmischen Aneinanderreihen von Schwüngen und dem einzigartigen Gefühl des Gleitens ziehen.
Ähnlich wie beim Autokauf, wo heute Komfort und Sicherheit wichtigere Argumente als Beschleunigung und Spitzengeschwindigkeit sind, möchten sich diese Skifahrer zuallererst sicher und souverän auf der Piste bewegen, ohne dabei aber auf den gelegentlichen »Kick« durch das Herantasten an die eigene Leistungsgrenze zu verzichten.
Das besondere an dieser großen Zahl von Skifahrern ist, daß sie nicht nach Extremsituationen suchen, aber vielfältig Skifahren. Ein steiler Hang reizt gelegentlich ebenso wie eine Buckelpiste oder ein Versuch im Tiefschnee.

Was ist also Komfort-Carven?

Während bisher geschnittene Schwünge ein hohes Tempo und relativ große Radien (breite Pisten) erforderten und damit ausschließlich sehr guten Skifahrern vorbehalten waren, gelingt es mit Carverski schon bei deutlich reduziertem Tempo Schwünge auf der Kante zu fahren.
Die hohen Selbststeuerkräfte der Carverski ermöglichen einer Großzahl von Skifahrern, die Driftanteile in der Schwungsteuerung zu reduzieren und damit eine deutlich höhere Steuerqualität zu erzielen. Dabei geht es für den Komfort-Carver aber nicht darum, ausschließlich geschnittene Schwünge zu fahren. Vielmehr genießt er das freudvolle, kraftsparende Kurvenfahren mit der Option bei guten Sicht-, Pisten- und Schneeverhältnissen auch einmal das Feeling von extremer Kurvenlage und hohen Fliehkräften auszukosten. Dem jeweiligen Fahrkönnen und Fitneßzustand (Muskelkraft und Ausdauer) entsprechend, wird er diese Situation, eine Buckelpiste oder einen Steilhang mehr oder weniger oft aufsuchen.
Carverski sind dieser Zielgruppe fast auf den »Leib geschneidert«, da sie vielseitig sind, kraftsparendes Skifahren erlauben und Freude am Kurvenfahren vermitteln.

Wie sieht die Technik des Komfort-Carvens aus?

Der Anspruch auf Vielseitigkeit des Komfort-Carvers bedeutet auch eine breite technische Basis. Er sollte quasi einzelne Technikelemente aus dem Schon-, Fun-Carven und Carven pur abrufen können.
Da diese bereits in den Spezialkapiteln beschrieben sind, soll hier nur eine kurze Zusammenfassung erfolgen.

- Zum kraftsparenden und genußvollen Kurvenfahren werden die Selbststeuerkräfte der Ski genutzt, also die Ski mehr kanten als drehen.
- Das Schwingen kann sowohl mehr driftend als auch mehr geschnitten ausgeführt werden.
- Das gelegentliche Fahren in steileren Hängen oder in der Buckelpiste erfordert kurze, enge Radien und setzt voraus, die Ski auch aktiv drehen zu können. Dem »Beinedrehen« als Drehmechanismus kommt hier nach wie vor eine große Bedeutung zu.

Taktische Hinweise zum Komfort-Carven

Da den meisten Skifahrern die athletische Ausbildung eines Rennläufers fehlt, gilt für sie die Maxime »die Kräfte gut einzuteilen«, um sicher skifahren zu können. Dabei ist immer zu berücksichtigen, daß die auftretenden Kurvenkräfte aus dem Zusammenspiel von Tempo und Radius entspringen. Das heißt: hohes Tempo und enger Radius ergeben hohe Fliehkräfte. Das wiederum ist gleichbedeutend mit hohem Kraftaufwand.
Kraft zu sparen gelingt also vor allem, indem das Fahrtempo reduziert und hohe Fliehkräfte in den Kurven vermieden werden.
Dabei muß der Spaß nicht zu kurz kommen. Im Gegenteil – der Wechsel zwischen lockerem, genußvollem Schwingen und kürzeren Abschnitten mit höherem Tempo oder engen Kurven übt einen besonderen Reiz aus. Carverski ermöglichen, Schwünge geschnitten zu fahren, bei denen das faszinierende Gefühl von Fliehkraft und Kurvenlage auch ohne (gefährlich) hohes Tempo zu verspüren ist.
Im Sinne einer kraftsparenden Fahrweise sollte stets auf eine angepaßte Vertikalbewegung geachtet werden. Längere statische Positionen sind zu vermeiden.
Die stark aus der Fallinie gezogenen Schwünge, die mit Carverski möglich sind (zu vergleichen mit den Kurven der Snowboarder), erfordern auch eine veränderte Spurwahl beim Überholen und Vorbeifahren. Es ist auf deutlich mehr Abstand zu achten.

Aufgaben:

- ❑ *Im Kurvengleiten nahe der Falllinie das Gefühl für die Selbststeuerkräfte der Ski entwickeln.*
- ❑ *Im Kurvengleiten nahe der Fall-*

Komfort-Carven

Wenn die Fahrbedingungen es zulassen, wird auf Hoch-Tief-Bewegungen verzichtet.

Wenn der Hang steiler ist, dann wird Kurvendriften empfohlen.

Im Vordergrund stehen die Selbststeuerkräfte der Ski. In bestimmten Situationen kann ein zusätzliches Drehen der Ski mit den Beinen notwendig sein.

linie das Gefühl für das »in die Kurve legen« entwickeln. Dabei auf dem Innenski abstützen und mit dem Außenski führen.
- ❑ *Tempo und Geländeneigung langsam steigern, dabei immer stärker von der Fallinie abweichen.*
- ❑ *Bei zunehmend höherem Tempo und zunehmenden Kurvenkräften auf stärkere Außenskibelastung achten.*
- ❑ *Paralleles Schwingen in gleichbleibend mittlerer Körperposition und Aufkanten durch Beinkippen.*
- ❑ *Paralleles Schwingen in gleichbleibend hoher Körperposition und Aufkanten durch »in die Kurve legen«.*
- ❑ *Bei beiden vorher genannten Übungen die Driftanteile der Schwungsteuerung mehr und mehr reduzieren.*
- ❑ *Paralleles Schwingen mit kurzen Radien mit »Drehen des Außenbeins«.*
- ❑ *Paralleles Schwingen mit wechselnden Radien. Dabei erspüren, wie weit der Ski ein reines Fahren auf der Kante (Carven pur) zuläßt und wann der Ski aktiv gedreht werden muß.*
- ❑ *Variieren des Fahrtempos.*
- ❑ *Wer kann mit dem geringsten Tempo carven, ohne zu driften?*
- ❑ *Variieren der Schwungwinkel: carven mit starkem Abweichen von der Fallinie – carven nahe der Fallinie.*
- ❑ *»Intervall-Abfahrt«: Längere Abfahrt untergliedern in Passagen mit »Carven pur« (»Belastungsphase«) und Passagen mit lockeren, schwebenden Schwüngen (»Regenerationsphase«), ohne dabei anzuhalten.*
- ❑ *»Spiegelschwünge«: Mehrere Schwünge (so gut wie möglich »Carven pur«), bei denen einer dem anderen wie ein Spiegelbild gleicht.*
- ❑ *Schwingen mit Vertikalbewegung im Wechsel zu Schwingen ohne Vertikalbewegung.*

Schon-Carven – gesundheitsbewußtes Fahren mit Carverski

Schonend Skifahren und Carven – ist das nicht ein Widerspruch? Auf den ersten Blick mag dies so erscheinen. Die allgemeine Diskussion um die Gefährlichkeit des Skifahrens hat durch die Carverski neue Nahrung erhalten. Sie hat sich aber immer wieder an Unfällen im Rennlauf entzündet. Dies führte dazu, daß Carven zunächst recht kritisch und ausschließlich für sportliche Skifahrer als geeignet gesehen wurde. Dabei wurde fast gänzlich übersehen, daß diese neue Skigeneration aufgrund ihrer Bauform und Fahreigenschaften für eine immer größer werdende Anzahl von Skifahrern bestens geeignet ist.
Die Erfahrungen haben gezeigt, daß Senioren mit altersbedingten Einschränkungen, aber auch jüngere, die gerade eine Verletzung auskuriert haben oder Menschen, die unter Gelenk- oder Kreislaufproblemen leiden, Carverski als eine echte Hilfe empfinden.
»Gesundheitsbewußtes Fahren« und »Schonendes Schwingen« werden bereits im Ski-Lehrplan Band 1 ausführlich beschrieben. Dort werden allgemeine Regeln und Empfehlungen für gesundheitsbewußtes Skifahren ausgesprochen. Diese können uneingeschränkt auf das Fahren mit Carverski übertragen werden – sie haben quasi die Entwicklung der letzten Jahre vorhergesehen.
Die wichtigsten seien hier kurz wiederholt:
- Mäßiges Tempo.
- Steiles Gelände und Buckelpisten meiden.
- Keine langen Kurzschwungfahrten.
- Körperliche und fahrtechnische Ermüdungsanzeichen beachten.

Was macht Carverski für gesundheitsbewußtes Skifahren so interessant?

Den meisten Skiläufern, die schonend und vorsichtig fahren wollen oder müssen, haben eines gemein. Sie fühlen sich mehr oder weniger unsicher. Dies ist meist darin begründet, daß die Aufmerksamkeit und Konzentration auf mehrere Aufgaben gleichzeitig gerichtet werden müssen:
- Kontrolle der Skiführung
- Steuern bzw. Drehen der Ski
- Spur- und Geländewahl
- Beobachten und Reagieren auf die unmittelbare Umgebung

Wie unterstützen Carverski schonendes Skifahren?
- Auf Grund der geringeren Länge sind Carverski wendiger.
- Die breiteren Schaufeln und Enden erzeugen eine große Auflagefläche und vermitteln so ein Gefühl hoher Standsicherheit.
- Die breite Bauweise im Spitzen- und Endenbereich »erschwert« das Aufkanten und reduziert damit die Gefahr des zu schnellen (aggressiven) und ungewollten Kanteinsatzes.
- Die hohen Selbststeuerkräfte der Ski reduzieren die nötigen Körperbewegungen während des Schwingens auf ein Mindestmaß.

Wie kann man schonend carven?

Gegenüber dem Parallelen Grundschwingen und der bereits im Ski-Lehrplan Band 1 beschriebenen Technik des schonenden Schwingens sind nur wenige Ergänzungen nötig:

Schon-Carven

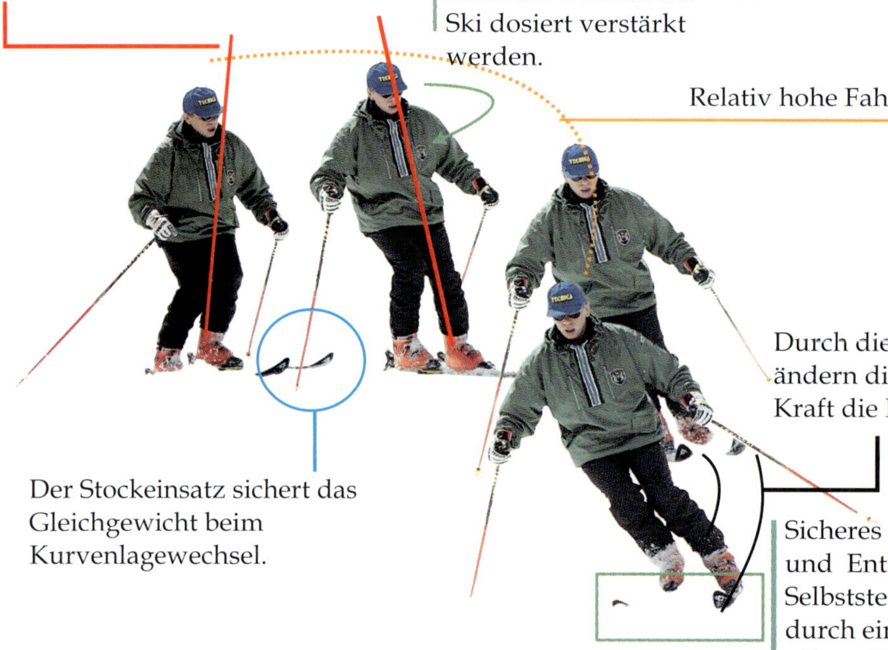

- **Eine relativ hohe Fahrposition** reduziert die Belastungen auf Kniegelenk und Beinmuskulatur.
- Eine **deutlich offene Skistellung** erhöht die Gleichgewichtssicherheit und erleichtert das häufig sinnvolle »Abstützen« auf dem Innenski während der Schwungsteuerung.
- Der Schwung wird eingeleitet durch dosiertes **in die Kurve kippen** (wobei der Innenski stützen sollte). Dies kann durch ein leichtes Vorausdrehen der Körperaußenseite unterstützt werden.
- Ein **Aufrichten** in der Schwungeinleitung und **Beugen** in der Schwungsteuerung kann, muß aber nicht ausgeführt werden. Es ist sinnvoll, um eine längere statische Belastung zu vermeiden und die Beinmuskulatur immer wieder zu lockern.
- Der **Stockeinsatz** begleitet die Bewegung und übernimmt eine stützende Funktion beim Einnehmen der Kurvenlage.
- Es ist stets auf eine **ausgewogene Belastung der ganzen Fußsohle** zu achten.
- Erfahrene Skifahrer werden eine durchgehend **parallele Skistellung** bevorzugen
- Weniger routinierten Skifahrern ist dagegen vor allem bis zum Überfahren der Falllinie **eine mehr oder weniger ausgeprägte Stemmstellung** zu empfehlen.

Wie lernt man Schon-Carven?

In der Regel fällt die Umstellung auf diese Fahrweise oder das Erlernen derselben nicht sonderlich schwer. Einige Erfahrungen sollten aber unbedingt vermittelt werden:

- Das Gefühl für die richtige Kurvenlage muß entwickelt werden. Dafür ist das bewußte Abstützen auf dem Innenski hilfreich.
- Die Selbststeuerkräfte der Ski müssen erfühlt werden. Dies ist über Ausstemmen oder Fahren im Halbpflug schon bei niedrigem Fahrtempo möglich.
- Das Spiel mit unterschiedlichen Skistellungen erhöht die Sicherheit und das Vertrauen zum Ski.
- Die Reduktion der Bewegungen auf das Notwendige ist im Sinne einer rationellen Technik ständig zu verbessern.
- Die Vertikalbewegung muß im Sinne einer »entspannungswirksamen« Hoch-Tief-Bewegung geschult und bewußt gemacht werden.

Aufgaben:

- ❑ *Im Kurvenfahren nahe der Falllinie das Gefühl für die Selbststeuerkräfte der Ski entwickeln.*
- ❑ *Im Kurvenfahren nahe der Falllinie in relativ hoher Körperposition das Gefühl für das »in die Kurve legen« entwickeln. Dabei auf dem Innenski abstützen und mit dem Außenski führen.*
- ❑ *Wie zuvor, jedoch mit leichter Hoch-Tief-Bewegung.*
- ❑ *Zusätzlich im Aufrichten die Körperaußenseite maßvoll vorausdrehen.*
- ❑ *Paralleles Schwingen in relativ hoher Körperposition mit geringem Aufrichten im Schwungwechsel und Beugen im Steuern.*
- ❑ *Wie zuvor, aber zusätzlich das Aufrichten mit Einatmen und das Beugen mit Ausatmen verbinden.*
- ❑ *Das ruhige Aufrichten zunehmend talwärts ausrichten und versuchen, sich stärker »in die Kurve zu legen«.*
- ❑ *Versuchen, beide Ski gleichmäßig zu belasten.*
- ❑ *Erfühlen, wie das Schwingen mit leichtem Aufrichten und Beugen entspannend und kraftsparend ist, im Gegensatz zum Schwingen in statischer Position.*
- ❑ *Wechsel zwischen mehr driftender und mehr schneidender Fahrweise, um die unterschiedliche Belastung durch die Fliehkraft zu erspüren.*
- ❑ *Die Schwünge bewußt entspannt fahren (»über den Schnee schweben«).*
- ❑ *Schwünge in gleichbleibendem Rhythmus aneinanderreihen.*
- ❑ *Schwingen mit Ausstemmen des Bergski im Aufrichten.*
- ❑ *Schwingen mit unterschiedlich langen Stemmphasen (vom Stemmen nur im Schwungwechsel bis hin zum Stemmen bis zur Fallinie).*
- ❑ *Schwingen mit und ohne Stockeinsatz.*

Tiefschnee-Carven

Für eingefleischte Carverfreaks gibt es zwar nur wenige Alternativen zu dem Hochgefühl, das sich nach einem perfekt durchschnittenen Hang und dem anschließenden Studium der hinterlassenen Spur einstellt. Eine dieser Alternativen ist aber das Carven im Tiefschnee, da auch dort die Bewegungsfreude und der Fahrgenuß verdoppelt werden durch die Möglichkeit, anschließend beim Betrachten der hinterlassenen Spur die Fahrt noch einmal mental zu erleben.
Erfahrene Tiefschneespezialisten, die erstmals mit einem Carverski in einen Tiefschneehang einfahren, stellen sehr schnell fest, daß die besondere Geometrie dieser Ski sich auch auf das Fahrverhalten im Tiefschnee auswirkt. Das erste Empfinden ist meist, daß Carverski im Tiefschnee »sehr gut gehen«, und erst nach einigen Schwüngen stellt man fest, woran dies liegt.

Wie carvt man im Tiefschnee?

Grundlegende Technik für das Carven im Tiefschnee ist eine Form des Parallelen Grundschwingens, die durch die rhythmische Aneinanderreihung kürzerer bis mittellanger Schwünge geprägt wird. Die Grundtechnik, wie sie im Ski-Lehrplan Band 1 beschrieben ist, muß nur leicht variiert werden, um die Vorteile des Carverski optimal nützen zu können.

Die drei Vorteile des Carverski

Carverski bieten im Tiefschnee im wesentlichen drei Vorteile, die je nach Skigeometrie in unterschiedlicher Ausprägung spürbar werden:

- Die breitere Schaufel der Carverski führt dazu, daß diese Ski schon bei geringerem Tempo »aufschwimmen«. Die Gefahr, daß die Ski bei etwas zu viel Druck auf den Vorderski »abtauchen« und der anschließende Sturz unvermeidlich wird, verringert sich wesentlich. Das Aufschwimmen der Ski hat zur Folge, daß mit deutlich weniger Krafteinsatz geschwungen werden kann.
- Die in der Regel deutlich kürzeren Carverski erleichtern das »Handling« im Tiefschnee ganz wesentlich.
- Die stärkere Taillierung der Carverski erleichtert auch im Tiefschnee das Schwingen. Die bereits von der Piste her bekannten Selbststeuerkräfte stark taillierter Ski werden im Tiefschnee allerdings erst dann spürbar, wenn es gelingt, den Verdichtungseffekt des Schnees für die Schwungsteuerung auszunutzen. Bei ausreichender Schneetiefe verändert der Fahrer während eines Schwungs die Schneeverhältnisse. In der Steuerphase, vor allem gegen Ende des Schwungs, verdichtet er den Schnee unter den Laufflächen. Der so verdichtete Schnee verhält sich wie eine Geländeerhebung – beim Überfahren tritt ein deutlicher Entlastungseffekt auf. Außerdem läßt der verdichtete Schnee die Steuerwirkung der Skitaillierung zu. Hierzu ist neben einem gewissen Grundtempo die Einhaltung bestimmter zentraler Regeln notwendig: Auch beim Tiefschnee-Carven sollte man versuchen, einen gleichmäßigen Rhythmus einzuhalten. Erst wenn Schwünge miteinander verbunden werden, gelingt es, den Effekt der Schneeverdichtung so auszunutzen, daß in der Endphase eines Schwungs der nächste bereits eingeleitet wird. Dabei können ohne großen Krafteinsatz die Ski in Drehung versetzt werden. Werden die angedrehten Ski anschließend zunehmend aufgekantet, läuft der Carverski wie in einer Bobbahn durch die Kurve.

Wie lernt man Tiefschnee-Carven?

Für das Erlernen des Tiefschnee-Carvens gelten dieselben Grundsätze wie für das Tiefschneefahren allgemein. In erster Linie gilt es, eine rhythmische Fahrweise anzustreben bei gleichmäßiger Belastung der Ski mit einer leichten Verlagerung des Gewichts auf die Ferse. Bei der methodischen Erarbeitung des Tiefschnee-Carvens sollte das Ausnutzen der Schneeverdichtung grundlegendes Kriterium sein. Daraus folgt grundsätzlich ein etwas höheres Fahrtempo sowie eine im Vergleich zum Carven auf der Piste wesentlich stärker ausgeprägte Hochtiefbewegung mit deutlicher Entlastung. Auch hier sei auf die Aussagen im Ski-Lehrplan Band 1 verwiesen. Die Vorteile, die Carverski im Tiefschnee bieten, erleichtern auch das Erlernen des Tiefscheefahrens.

Für ambitionierte Tiefschnee-Experten gilt allerdings nach wie vor, daß die von der Skiindustrie inzwischen entwickelten speziellen Tiefschneeski die mit Abstand besten Voraussetzungen für genußvolles Tiefschneefahren bieten.

Aufgaben:

- ❑ *Parallele Grundschwünge zunächst in leichtem Tiefschnee und dann in zunehmender Schneetiefe nahe der Fallinie rhythmisch aneinanderreihen und dabei mit*
  - *der Hoch-Tief-Bewegung,*
  - *der Körperlage,*
  - *der Kurvenlage,*
  - *der Spurbreite*

  experimentieren.
- ❑ *Lange, mittlere und kurze Schwünge mit gleichmäßigem Rhythmus fahren und dabei versuchen, die Knie im Schwungwechsel deutlich nach innen zu kippen.*
- ❑ *Schwingen*
  - *in verschiedenen Hangneigungen,*
  - *in unterschiedlich verdichtetem Schnee,*
  - *mit zunehmend höherem Tempo,*
  - *mit wechselndem Schwungrhythmus,*
  - *in Gruppen synchron,*
  - *in Zweiergruppen »Zöpferlflechten«.*

Fun-Carven

Der Carverski ist ein phantastisches Spiel- und Übungsgerät, das neue erlebnis- und funorientierte Fahrweisen ermöglicht. Der Ski ist ein Glücksfall für den alpinen Skilauf, weil er das traditionelle, teilweise ein wenig erstarrte Fahren auf der Piste oder in der Buckelpiste aufbricht und neue Bewegungsmöglichkeiten bzw. eine Bewegungsvielfalt erschließt.
Im Vordergrund des Fun-Carvens steht dabei viel weniger eine sich an Drehen, Kanten und Belasten orientierende Bewegung, sondern das Feeling für die Aktionen und Reaktionen der Ski, das Experimentieren mit neuen Fahrformen und das freie Spielen mit Ski und wirkenden Außenkräften. Gerade diese neuen Erfahrungen und Erlebnisse können die Motivation erzeugen, sich intensiv mit dem Gerät auseinanderzusetzen und Spaß zu haben.
Erfahrungsgemäß ist ein neuer auf Spaß und Experiment orientierter Bewegungsbereich nie eindeutig zu umreißen und bis in die letzten Details festzulegen. Dies wäre fatal, weil sich dann Kreativität und Spontaneität reduzieren. Deshalb werden für den Funbereich die einzelnen Möglichkeiten nur kurz skizziert. Sie stellen lediglich eine Möglichkeit dar, die durch die kreativen Fähigkeiten und Vorlieben jedes einzelnen Skifahrers erweitert werden müssen. Die Ideenbörse soll gerade in diesem Teil des Skifahrens eröffnet werden, wobei nichts, aber auch gar nichts normiert oder in seinem Bewegungsablauf exakt festgelegt sein soll. Es ist eine Selbstverständlichkeit, daß man den Sicherheitsaspekt bei allen Fahrten beachtet.
Das Fun-Carven stellt sich in drei wesentlichen Bereichen dar:
- Solo-Carven
- Gruppen-Carven
- Gelände-Carven

Pendolino-Carven

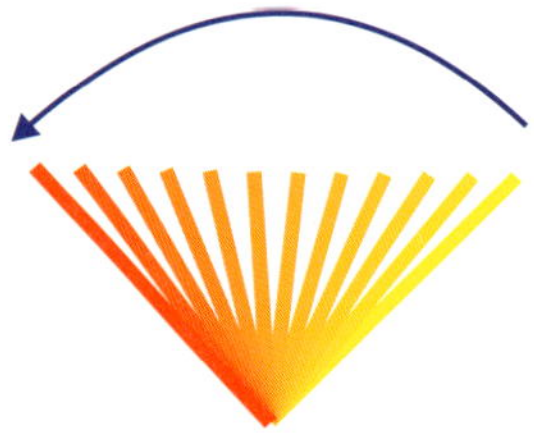

Betontes, lustvolles Kippen von einer Kurvenlage in die andere!

Solo-Carven

Wie der Name schon ausdrückt, fährt der Skifahrer alleine und experimentiert mit unterschiedlichen technischen und spielerischen Bewegungsformen.

Aufgaben:

- *Pendel-Carven:* *Schnelles, rhythmisches Durchpendeln der Beine unter dem Rumpf, während der Rumpf (möglichst) geradlinig talwärts bewegt wird. Kurzschwungfaszination beim Carven!*
- *Pendolino-Carven:* *Relativ aufrechte Position mit betontem Nachinnenkippen des Körpers zum Aufkanten. Der Reiz liegt in einem lustvollen Kurvenlagenwechsel. Eine Seithalte der Arme und Vorausdrehen kann das Erlebnis noch verstärken. Beim Pendolino-Carven können auch quer vor dem Körper gehaltene Slalomstangen verwendet werden, die das Kippen des Körpers anzeigen.*
- *Stickless-Carven:* *Carven nicht nur ohne Stockeinsatz, sondern ganz ohne Stöcke. Die Herausforderung liegt darin, ohne das »Tastorgan« Stock auszukommen und dennoch sicher die Kurvenlage zu stabilisieren.*
- *Alpha-Carven:* *Mit extremen Schwungwinkeln den Hang hochcarven und mit einer alphaähnlichen Spur über den Berg, nicht über das Tal, in die nächste Kurve ziehen. Eine völlig neue Spuranlage!*

Alpha-Carven

Der griechische Buchstabe α steht als Kürzel für diese Funform mit dem Carverski.

Snowtouch-Carven

In starker Kurvenlage mit einer Hand den Schnee auf der Innenseite der Kurve berühren!

In extremer Kurvenlage mit einer Hand den Schnee berühren!

In extremer Kurvenlage mit beiden Händen den Schnee berühren!

Mono-Carven:
Carven mit einem Ski

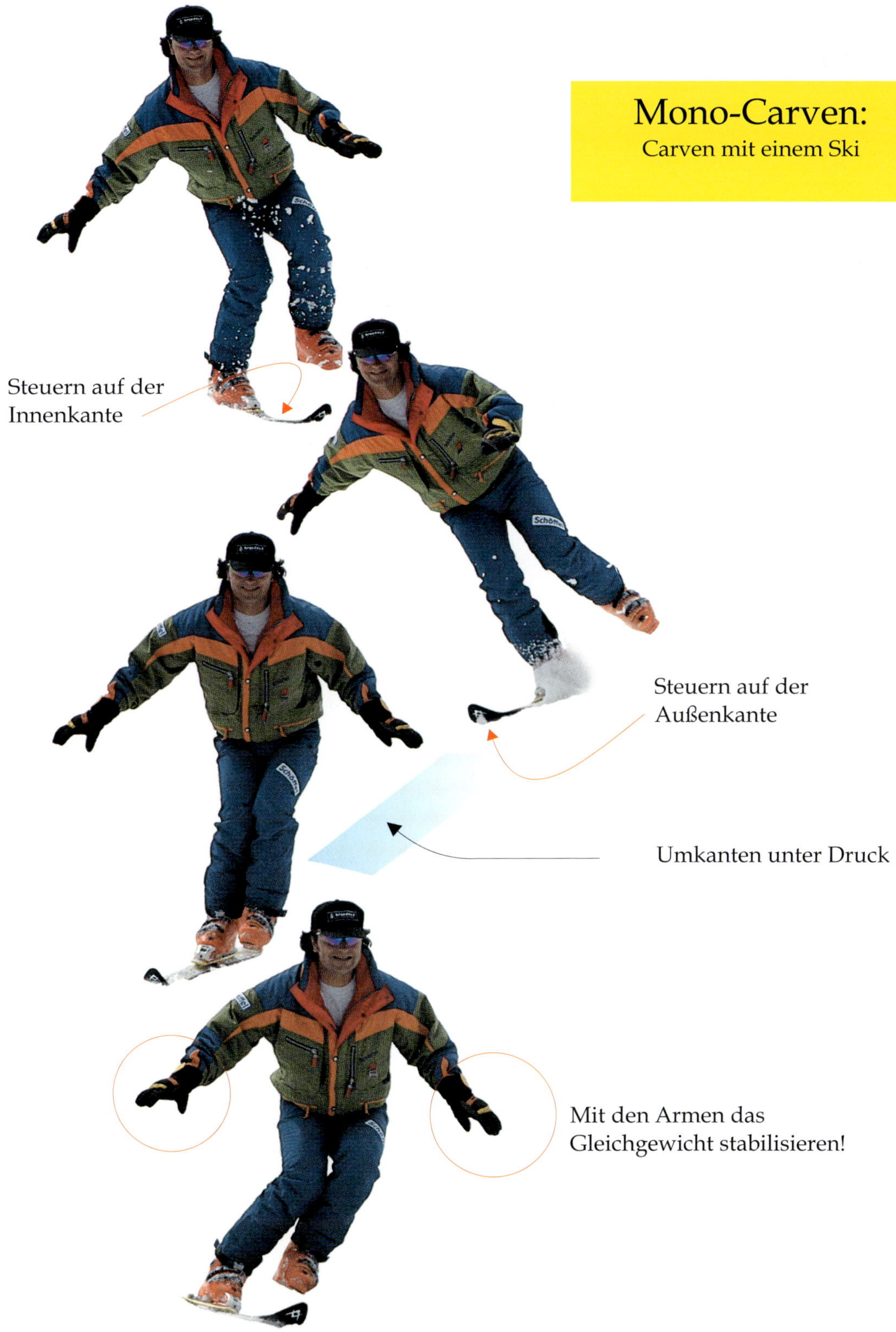

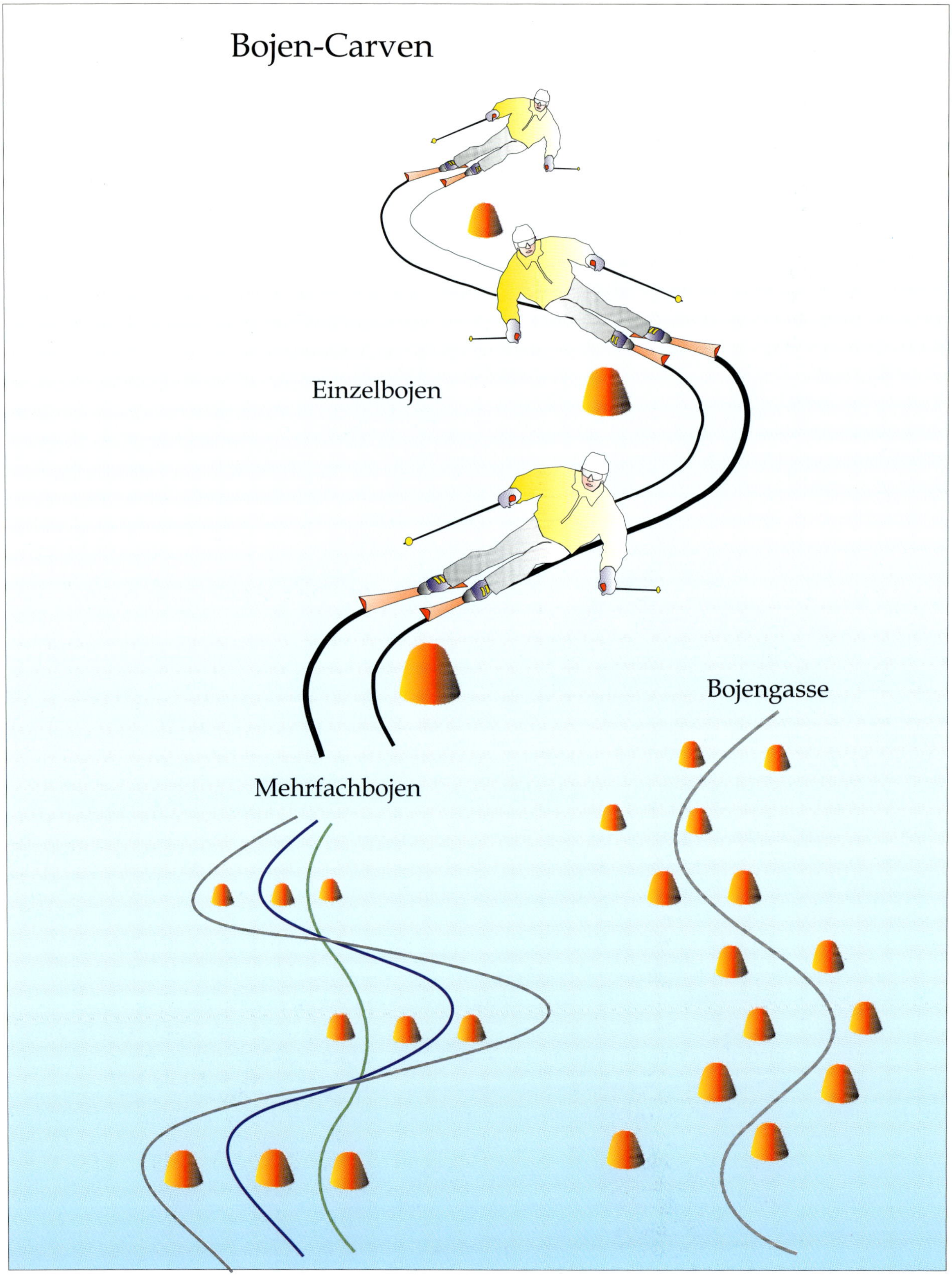
Bojen-Carven
Einzelbojen
Bojengasse
Mehrfachbojen

- *Snowtouch-Carven:*
  Eine extreme Form des Stickless-Carvens mit extremer Kurvenlage, bei der ein oder beide Arme den Schnee auf der Innenseite der Kurve berühren. Ein neues Gefühl, wenn die Hände wie die Stockspitzen eingesetzt werden.
- *Knife-Carven:*
  Ziel ist es, wie mit dem Messer den Schnee anzuschneiden. Der Reiz liegt in dem Gefühl, mit höchster Präzision und Dynamik Kurven zu fahren.
- *Mono-Carven:*
  Auf einem Ski das Carvinggefühl auf der Außen- und Innenkante genießen. Das Erlebnis schlechthin ist das Hineingleiten in den Kurvenmittelpunkt, das mit dem Kantenwechsel verbunden ist.
- *Bojen-Carven:*
  Sicher hat jeder schon einmal gesehen, wie sich die Wasserskifahrer in die Kurve legen und den massiven Zug des Motorbootes abwarten, um die Geschwindigkeit für das Umfahren der nächsten Boje zu gewinnen. Sie wollen in die Kurve hineintauchen und wieder herauskommen. Ähnlich geht das mit dem Carverski beim Bojen-Carven. Auch da muß man schnell die Kurvenlage wechseln, um die Dynamik, die durch die starke Taillierung erzeugt wird, auszunutzen. Ähnlich wie beim Riesentorlauf geben die Bojen die Fahrspur vor. Es gibt dabei viele Möglichkeiten, den Kurs zu variieren. Man kann einen einfachen Kurs setzen, man kann aber auch drei Bojen nebeneinander legen und die Fahrspur frei wählen lassen, man kann eine Bojengasse setzen und so den Radius genauer festlegen.
  Wichtig ist beim Bojenfahren, daß Bojen verwendet werden, die sich bei einem Sturz verformen, um Verletzungen zu vermeiden. Die Beispiele stellen nur eine Auswahl dar. Sie sollen lediglich einige Möglichkeiten aufzeigen.

Gruppen-Carven

Mit dem Carverski können viele Fahrformen zu zweit oder in der Formation angewandt werden, die zwar mit einem weniger taillierten Ski auch zu fahren sind, aber mit dem neuen Gerät mehr Reiz gewinnen.

Aufgaben:

- *Arm-in-Arm-Carven:*
  Carven zu zweit nebeneinander. Die präzise Kurvenführung

ermöglicht ein genaues Einhalten des seitlichen Abstandes. Dies geht auch zu dritt und zu viert. Statt Arm in Arm geht es auch mit einer vor dem Körper gehaltenen Slalomstange.

- *Walz-Carven:* *Die Fahrer halten sich an den Enden der Skistöcke oder an Slalomstangen und drehen ihre Kreise. Interessant ist das Wechselspiel von Flieh- und Haltekräften.*
- *Dance-Carven:* *Auf flacher und gut präparierter Piste fährt man in Gegenüberstellung mit Handhaltung, der eine vorwärts, der andere rückwärts. Wem das zu schnell ist, der kann mit einem größeren Abstand beginnen.*
- *Stangen-Carven:* *Fahren zu zweit hintereinander, links und rechts eine Slalomstange. Beide Fahrer legen sich gleichmäßig in die Kurve, so daß die Stange waagrecht bleibt.*
- *Formations-Carven:* *Man beginnt mit Partnerfahren*
  - *übereinander oder nebeneinander,*
  - *gleichgerichtet oder gegengleich,*
  - *mit einzähliger oder mehrzähliger (Schub-Schub . . .) Steuerphase.*

Aus diesen Grundformationen können alle weiteren, komplizierten Formationen aufgebaut werden. Wichtig ist, daß man den Radius nicht zu kurz wählt. Ideal ist eine tragende, schwingende Musikbegleitung. Optisch besonders wirksam sind das Kreuzen oder ortswechselnde Säulen.

Gelände-Carven

Beim Befahren von Geländeformen ergeben sich bei der Benutzung von Carverski neue Erlebnisdimensionen. Es ist aber darauf zu achten, daß die Geländeform sich in etwa dem Radius des Ski anpaßt. Zu enge und zu hohe Geländeformationen zerstören den Genuß. Das Gelände soll die Eigendynamik des Ski verstärken, ihr nicht entgegenwirken.

Aufgaben:

- *Wellen-Carven:* *Man baut ein nicht zu hohes Waschbrett, dessen Wellen sehr stark gedehnt sind. Die Höhe der Wellen soll so gestaltet sein, daß die leicht anhebende Wirkung der Wellen verspürt werden kann. Das Gefühl ist ein Von-der-Welle-getragen-Werden und dann ein Hineinsurfen in das Wellental.*
- *Girlanden-Carven:* *An einem konvexen Hang fährt man aneinandergereihte Schwünge zum Hang, wobei es auf den gedehnten Rhythmus ankommt: Carven – Schrägfahrt – Carven – Schrägfahrt – etc. Ein kurzes Anstemmen bergwärts verstärkt den Rhythmus des Carvens.*
- *Bobbahn-Carven:* *Die Fahrlinie nimmt das Tal oder den abfallenden Teil der Bobbahn (Kurveninnenseite). Es verstärkt sich auch bei dieser Geländeform das Carvinggefühl. Man muß beim Anlegen der Bobbahn darauf achten, daß der Radius nicht eng gewählt wird. Die Bobbahn kann sich auch durch Befahren der gleichen Spur ergeben.*
- *Halfe-Pipe-Carven:* *In einer flachen Halfe-Pipe läßt sich trefflich experimentieren. Z. B. Beim Anfahren nach rechts auf dem Kamm Drehung nach rechts, beim Weiterfahren nach links auf dem Kamm Drehung nach links etc. Der Phantasie sind keine Grenzen gesetzt.*

Carven pur

Carven pur ist Race-Carven, ist Skifahren nur auf der Kante, Kurven ohne Driften, ist Schwingen in höchster Vollendung, kurzum: Carven pur ist die »hohe Schule« des Carvens.
Carven pur braucht den richtigen, aber nicht extremen Carverski. Carven pur braucht hohes Tempo, denn erst dann zeigt der Carverski, was man aus ihm herausholen kann.
Es ist schon ein besonderer Genuß, ohne Rutschen seine Spuren in den Schnee zu kerben. Die meisten guten Fahrer bezeichnen gerade diese Verzahnung mit dem Schnee als das besondere Erlebnis: sich einzukrallen in den Schnee und aus der Kurve heraus die Beschleunigung zu verspüren, vielleicht in tiefer Position mit einer sehr stabilen Begleitung im Oberkörper. Die ganze Wucht der äußeren Kräfte, die man zähmen muß, wird spürbar. Die Herausforderung, Abenteuer, Mut und Risiko machen den Reiz aus, das Ausloten der Möglichkeiten.

Aber Vorsicht!

Zum Carven pur benötigen wir eine Piste, die wenig bevölkert, gut präpariert und nicht zu steil ist. Nur so ist die Sicherheit für uns und für andere Pistenfahrer gewährleistet. Der Rennläufer braucht eine freie Strecke, der Race-Carver auch.
Deshalb bieten sich Randstunden – frühmorgens, über Mittag oder am späten Nachmittag – besonders gut an.
Die Technik von Carven pur ist durch folgende Bewegungsmerkmale geprägt:

- Deutlich offen fahren und Kurve direkt vom Fuß aus einleiten
- Hochbewegung reduzieren
- Oberkörperposition stabil halten
- Mit Armen und Stöcken balancieren
- Kurvenwechsel schnell vollziehen

Der Kurvenradius in Abhängigkeit von Taillierungsradius, Aufkantwinkel/Skidurchbiegung und Geländeform

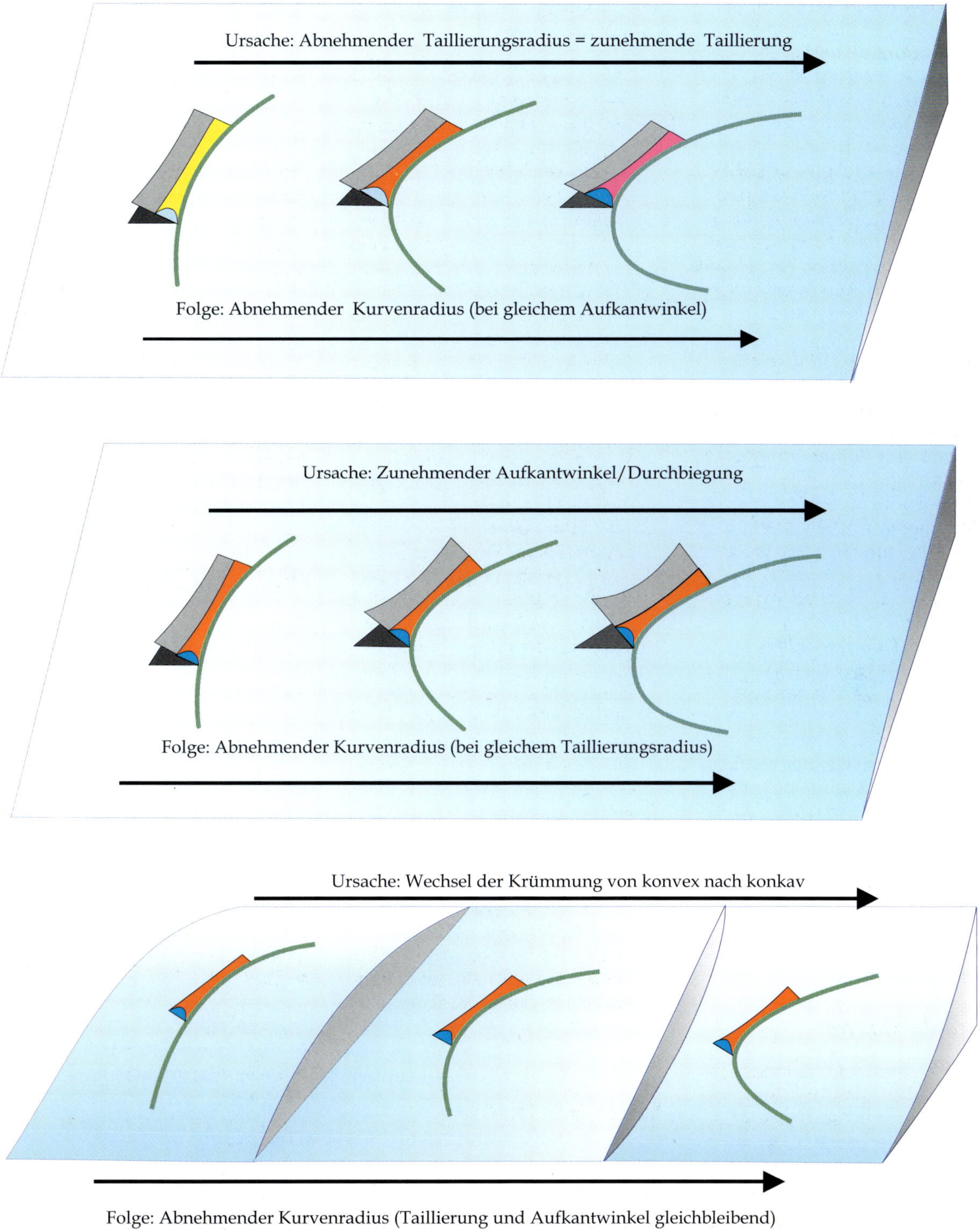

Deutlich offen fahren und Kurve direkt vom Fuß aus einleiten

Ein Schlüssel zum Carven pur, zum Race-Carven, liegt in der offenen Skistellung. Je nach Tempo, Pistenbeschaffenheit und Radius variiert der Abstand von handbreit, hüftbreit oder noch ein wenig darüber hinaus. Ohne offene Stellung der Beine ist es schwer, wenn nicht sogar unmöglich, über die ganze Kurve hinweg zu schneiden. Wenn es das Gelände zuläßt, wenn es nicht zu steil ist, kann man versuchen, auf eine parallele Unterschenkelstellung zu achten. Die Fahrweise ist dann mehr beidbeinig. Versteilt sich das Gelände oder wird die Piste härter, dann muß konsequent auf dem Außenski gefahren werden und die Parallelität der Unterschenkel verändert sich, d. h., die Knie kommen näher zusammen, während die Füße noch breit offen bleiben (Dreieck).
Von Anfang an muß man auf das Gefühl achten, daß der Ski so direkt wie möglich eingesetzt wird. Solange man beim Kurvenfahren noch driften (oder stückweise driften) will, kann man durchaus erst mit dem Körper agieren, um den Ski zum Drehen bzw. Driften zu bringen. Beim Carven pur ist das anders, da geht alles sofort von der Skikante aus. Beim Carven pur beginnen und bestimmen Fuß und Unterschenkel (als unmittelbare Beweger der Ski) den Kurvenbeginn. Der Rest des Körpers hat sich dann über der Skikante »aufzubauen«. Ist einem ein starkes Einkerben gelungen, dann wird auch eine starke Kurvenlage nötig. Hat man nur ein schwaches Einritzen geschafft, dann war es gut, wenn man den Körper nicht schon zu stark (im voraus) in die Kurve gelegt hat.

Aufgaben:
- ❏ *Im flachen Gelände in Pflugstellung den Fuß nach innen kippen, wechselweise auf der Innenkante fahren.*
- ❏ *Dieselbe Übung, aber das Fußkippen durch ein bewußtes Mitbewegen des Unterschenkels verstärken.*
- ❏ *In der Schrägfahrt durch Fußkippen auf den gleichen Kanten fahren.*
- ❏ *Im flachen Gelände in parallel offener Skistellung mit einer Fuß- und Unterschenkelbewegung die Ski auf die gleichen Kanten kippen, nahe an der Falllinie wie auf Schienen fahren.*
- ❏ *Dasselbe mit größerer Abweichung von der Falllinie.*
- ❏ *Fahren mit Kurz-Carver, dabei nur auf der Kante fahren.*
- ❏ *Hockegleiten nahe an der Falllinie.*
- ❏ *Schwingen mit Bergstemme mit Belastungsdrehen: In der Schwungsteuerung den Bergski unbelastet ausstemmen und auf der Innenkante mitlaufen lassen (Gewicht auf dem Talski). Durch das Stemmen fährt der Ski auf der Kante in die Falllinie. Schnell auf den Außenski umsteigen und auf der Kante weiterfahren.*
- ❏ *Hanggirlanden mit größerem Radius.*
- ❏ *Fahren auf der Kante um Hütchen.*

Hochbewegung reduzieren

Die Hochbewegung beim Race-Carven wird reduziert, weil die Ski auf Grund ihrer starken Taillierung nicht so starke Drehkräfte benötigen. Die Hochbewegung dient bei traditionellen Fahrweisen dazu, den Ski zu entlasten, um ihn dann leichter zu drehen. Man kann aber nicht sagen, daß man beim Carven auf die Hochbewegung total verzichtet. Eine muskuläre Spannungslösung wird durch die Hochbewegung bewirkt und das Umkanten erleichtert. Beim Spitzen-Carver ändert sich die Richtung: Das Aufrichten nach oben wird mehr und mehr zu einer Bewegung nach vorne einwärts bei der Einfahrt in die Fallinie und einem Nachhintengehen bei der Ausfahrt aus der Fallinie verändert (häufig als Wippbewegung bezeichnet).

Aufgaben:
- ❏ *Parallel offenes Schwingen mit geringer und ruhiger Hochbewegung.*
- ❏ *Parallel offenes Schwingen ohne Hochbewegung.*
- ❏ *Hockeschwingen.*
- ❏ *Parallel offenes Schwingen bei hoher Körperposition mit Stöcken unter den Armen.*
- ❏ *Parallel offenes Schwingen mit in der Mitte gehaltenen Stöcken.*
- ❏ *Parallel offenes Schwingen ohne Stockeinsatz.*
- ❏ *Parallel offenes Schwingen mit aktiver Vorwärts-einwärts-Bewegung.*

Oberkörperposition stabil halten

Nachdem beim Carven – wie im Rennlauf auch – die Kante sehr sensibel eingesetzt werden muß, um eine schneidende Schwungsteuerung fahren zu können, muß der Oberkörper sehr ruhig gehalten werden, damit er den fein steuernden Ablauf nicht stört. Der Oberkörper stellt den Block dar, der über der Kante aufgebaut wird. Ein instabiler Oberkörper trennt die geistige, steuernde Verbindungslinie, die vom Kopf zu den Füßen geht, durch.

Aufgaben:
- ❏ *Parallel offenes Schwingen ohne Hochbewegung.*
- ❏ *Parallel offenes Schwingen mit vor dem Gesicht gehaltenen Händen.*
- ❏ *Parallel offenes Schwingen, Stöcke in der Mitte halten,*

Kurvengleiten in der Hocke

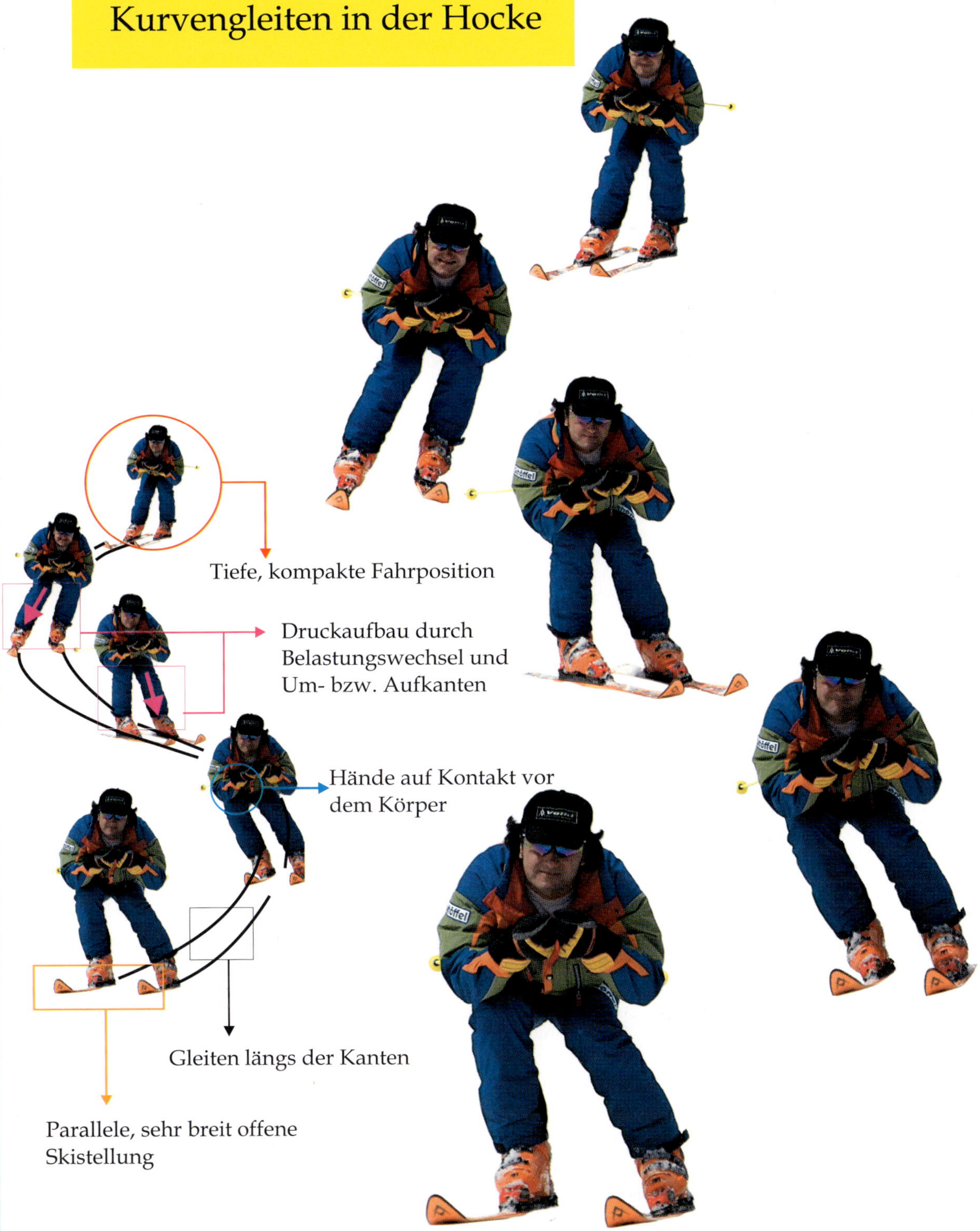

Griffe bleiben vor dem Gesicht – Hockeschwingen.
- ❑ *Parallel offenes Schwingen mit Doppelstockeinsatz.*
- ❑ *Parallel offenes Schwingen mit Stöcken unter den Armen.*
- ❑ *Parallel offenes Schwingen mit in der Mitte gehaltenen Stöcken.*
- ❑ *Fahren mit Kurz-Carver mit unterschiedlichen Radien mit und ohne Stöcke.*
- ❑ *Parallel offenes Schwingen mit deutlicher Vor-, Einwärtsbewegung.*
- ❑ *Parallel offenes Schwingen durch Torstangen (Radius nicht zu klein).*
- ❑ *Parallel offenes Schwingen mit Tempowechsel: langsam – schnell.*

Mit Armen und Stöcken balancieren

Das schneidende Schwingen auf der Kante, das mit starker Vor-Einwärtsbewegung verbunden ist, kann durch eine abgestimmte Arm- und Stockbewegung sehr sicher durchgeführt werden. Da das Schwingen mit großer Dynamik verbunden ist, benötigt die Carvingtechnik den Stockeinsatz nicht in dem Maße wie traditionelle Techniken. Die Fahrweise ist der Riesentorlauftechnik der Rennläufer ähnlich, die äußerst selten den Stockeinsatz benutzen.

Aufgaben:
- ❑ *Parallel offenes Schwingen ohne Stockeinsatz.*
- ❑ *Parallel offenes Schwingen mit Doppelstockeinsatz.*
- ❑ *Parallel offenes Schwingen ohne Stöcke.*
- ❑ *Parallel offenes Schwingen mit stark abgespreizten Armen.*
- ❑ *Parallel offenes Schwingen ohne Stöcke mit stark abgespreizten Armen.*
- ❑ *Parallel offenes Schwingen, im Wechsel mit Stockeinsatz und ohne Stockeinsatz mit abgespreizten Armen.*
- ❑ *Fahren mit Kurz-Carvern mit und ohne Stöcke.*
- ❑ *Parallel offenes Schwingen um Bodenmarkierungen.*

Kurvenwechsel schnell vollziehen

Carven pur benötigt einen schnellen Kurvenwechsel, d. h., es ist bewußt und mit betontem Einsatz nicht nur die Kurve, sondern auch der Kurvenwechsel zu fahren. Hierzu bieten sich zwei Möglichkeiten an:
- Man fährt durch »Zumachen«, also durch stetig verstärktes Kurven, so aus der Kurve heraus, daß es den Körper wie von alleine in die neue Kurve wirft (was auch sehr gute Motorradfahrer machen, was weniger gute aber unbedingt vermeiden sollten). Die Ski bleiben dabei auf dem Schnee und wechseln von der einen auf die andere Innenkante. Die Körperschwerpunktbahn beschreibt ein S.
- Man fährt die Kurven nicht ganz bis zum Ende aus, sondern zieht beide Beine schnellkräftig unter dem Körper von der einen auf die andere Seite. Das kann sogar ohne Schneekontakt ablaufen. Am besten richtet man sich dabei nicht auf. Die Körperschwerpunktbahn ist nahezu gerade in der Fallinie.

Carven pur legt nahe, so zu fahren wie die Rennfahrer. Dagegen ist nichts einzuwenden, wenn, wie oben angesprochen, die Piste frei und gut präpariert ist und der betroffene Skifahrer – ebenfalls wie die Rennläufer – eine hinreichend gute Kondition und hohes Fahrkönnen hat. In allen anderen Situationen muß man vom Race-Carven abraten. Carven pur muß aber nicht nur rennlauforientiert sein. Wer sich mit entsprechender Skiausrüstung versorgt, der kann zum Beispiel auch beim Alpha-Carven zeigen, daß er das Fahren auf der Kante beherrscht. Carven pur ist am schönsten im »Carverschnee«. Das ist der griffige, kompakte, frisch gewalzte Schnee oder ein leicht aufgefirnter Frühjahrsschnee.

Hinweise für Skischulen

Kaum eine technische Weiterentwicklung der vergangenen Jahre hat bei den Skifahrerinnen und Skifahrern ein ähnlich großes Interesse erweckt wie die Entwicklung der Carverski. Die aus diesem Interesse resultierenden Fragen und Bedürfnisse stellen für unsere Skischulen eine große Chance dar, ihre Leistungen und ihren Service einem breiten Kreis von Skifahrerinnen und Skifahrern anzubieten. Geeignete Aktivitäten zur Bündelung dieser Interessen sind z. B.
- Skitests im Skischulgelände,
- Carver-Testausfahrten, (eventuell in Zusammenarbeit mit dem Sportartikelhandel)
- Spezielle Carver-Kurse,
- Mehrtägige Carver-Kompaktseminare,
- Vereinbarungen zwischen Sportartikelhandel und Skischule, etwa ein Anrecht auf einen Skikurs bei Kauf eines Carverski,
- Carver-Schaufahrten mit Fun-Carvern bzw. Extrem-Carvern, z. B. als Abendveranstaltung mit anschließender Info-Börse, Minimesse usw.,
- Vergleichsfahrten mit Snowboard und Carverski,
- Info-Abend zum Thema Carven mit Carver-Videos und Material-Info,

u. ä. m.

Skibahn und Körperschwerpunktbahn

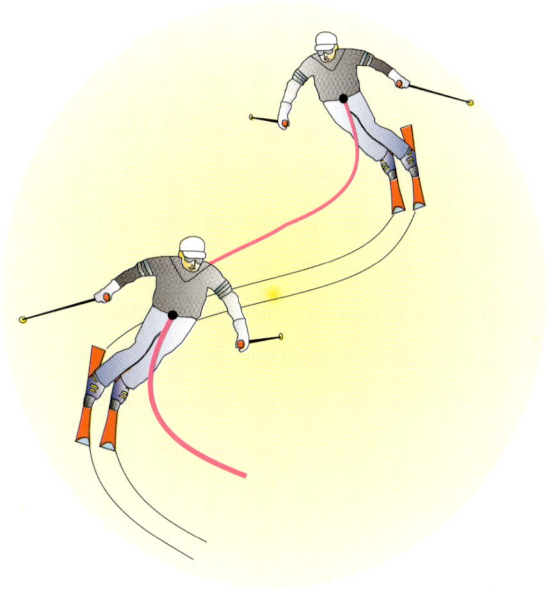

Die Körperschwerpunkt-bahn ist gegenüber der Skibahn kaum begradigt.

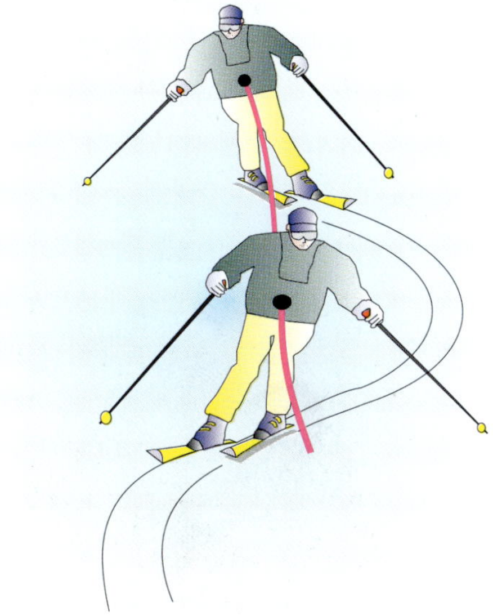

Die Körperschwerpunktbahn ist gegenüber der Skibahn stark begradigt.

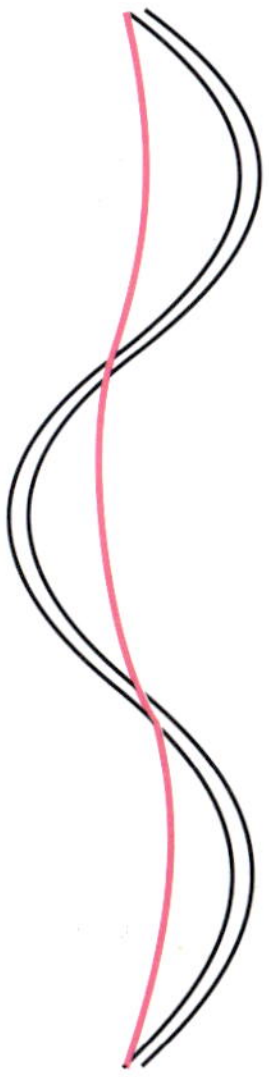

Skibahn: ═══　　Körperschwerpunktbahn: ───

Carven pur im RS-Weltcup

Studien bei zwei Rennen am gleichen Streckenabschnitt
(D. Compagnoni)

Kurvengleiten auf beiden Steuerkanten

Deutlicher Belastungswechsel auf den Außenski durch einen Umsteigeschritt

Kurvengleiten auf beiden Steuerkanten, beginnender Belastungs-wechsel

Belastungswechsel abgeschlossen, Umkanten des Außenski unter Druck

Belastungswechsel während des Kurvengleitens

Belastungswechsel abgeschlossen, Umkanten des Außenski unter Druck

Carven pur im Slalom

Deutlicher Belastungswechsel (=Umsteigen) und Umkanten unter Druck (Druckaufbau)

Beginn des Kurvengleitens (= Carven) auf der belasteten Steuerkante des Außenski

Fortsetzen des Kurvengleitens auf beiden Steuerkanten

Carven pur im Weltcup

Historischer Rückblick

Weder der Begriff Carven noch die taillierte Form der Ski noch die Technik des Schneidens einer Kurve sind neu.
Vor etwa 100 Jahren beschreibt M. ZDARSKY in seinem Buch »Die Lilienfelder Skilauftechnik« (Hamburg, 1896, S. 32, 33) sehr genau die taillierte Bauform der Ski und ihre bogenablenkende Wirkung im gekanteten Zustand. Er weist bereits auf die grundlegende Bedeutung dieses Effektes für das Schwingen (»Stemm- und Bogenfahren«) hin.
Ebenfalls im Jahr 1896 erscheint in Kristiania, dem heutigen Oslo, ein Buch des Norwegers F. HUITFELDT (»Lehrbuch für das Skilaufen«), in dem ausgeführt wird, daß sich in Norwegen regional verschiedene Skiformen entwickelt haben. So wurde in der Region Telemarken eine Skiform entwickelt, von der er berichtet: »Im Gegensatz zu der verhältnismäßig großen Breite in der Schnabelbiegung wird der Ski nach der Mitte zu bedeutend schmäler, nach hinten dann wieder breiter.«
Unter dem Begriff Telemarkski verstand man also früher einen taillierten »Gebirgsski«. Heute benennt man damit Ski, die speziell für das Fahren mit Telemark-Technik gebaut sind.
In den folgenden Jahrzehnten vor und zwischen den beiden Weltkriegen wird immer wieder auf die Selbststeuerkräfte der Ski verwiesen und vom Gleiten im Schwung »geträumt«.
Aber erst die Entwicklung des alpinen Skilaufs hin zum Massensport (Lifte, Seilbahnen, maschinelle Pistenpräparierung, steigender Stellenwert des alpinen Rennsports) rückt die Diskussion über das ungebremste Kurvenfahren mehr und mehr in den Brennpunkt des Skisports.
So ist es nicht verwunderlich, daß bereits in den fünfziger Jahren erste wissenschaftliche Untersuchungen zu diesem Themenbereich durchgeführt wurden. Hier ist vor allem die Promotionsarbeit von F. REICHERT aus dem Jahr 1957 in der damaligen DDR zu nennen (»Der Einfluß der Skiform auf die Richtungsänderungen in der Abfahrt«). In dieser Arbeit wird die Wirkung der Skitaille analysiert, unterschiedlich taillierte Ski praktisch erprobt und die Krümmung der Skikante in Abhängigkeit von der Taille und der Durchbiegung aufgezeigt. Eine hochinteressante, weit in die Zukunft weisende Arbeit!
G. JOUBERT und J. VUARNET sprechen bereits 1960 in ihrem Buch »Ski moderne« (Paris, Grenoble, 1960) vom Schneiden und sechs Jahre später von der »Schneidetechnik«.
1967 erscheint eine Beilage zum sog. »Leitfaden für den Skiunterricht« (dem damaligen deutschen Skilehrplan), die u.a. auch einen von E. GATTERMANN erarbeiteten Lehrweg zum Umsteigeschwingen enthält. In der Beschreibung eines Umsteigeschwungs wird davon gesprochen, daß »die Innenkante des Außenski scharf eingreift und das Ende des Schwungs schneidet«.
Sehr konsequent geht der amerikanische Skilehrer und Alpintrainer W. WITHERELL das Schneiden – englisch »Carven« – in seinem Buch »How the racers ski« aus dem Jahr 1972 (New York) an. Er betont die Wichtigkeit des Schneidens von Anfang an; so beschreibt er den geschnittenen Pflugbogen (»carved snowplow turn«).
Der Deutsche Skilehrplan aus dem Jahr 1981 bringt das Schneiden vor allem mit Scherumsteigeschwüngen in Verbindung. Im Lehrplan von 1993 wird das Schneiden im Rahmen der Zielsetzung »Stangenfahren« recht ausführlich behandelt. Noch einen Schritt weiter geht der Ski-Lehrplan Band 3 – Kinderskilauf – aus dem Jahr 1995: Konsequent wird das Schneiden (Kurvengleiten) aus dem Kurvengleiten aus der Hocke entwickelt und dann in das Fahren von Kurven mit immer kleineren Radien übertragen.
Ohne Zweifel hat das Snowboarden die Carvertechnik in den letzten zehn Jahren populär gemacht. Die breiten, kurzen Boards besitzen extreme Taillierungen und erlauben so das perfekte Schneiden von Kurven. Fest steht, daß die Snowboards Pate standen bei der Entwicklung der Carverski seit Beginn der 90er Jahre. Eine Entwicklung, die an Rasanz wohl noch zunehmen wird.

Know-how aus erster Hand

Deutscher Verband für das Skilehrwesen e.V. (Hrsg.)

Ski-Lehrplan Band 1: Ski alpin
Das einzige offizielle, völlig neu erarbeitete Lehrplanwerk – unter Berücksichtigung der speziellen Entwicklung von Technik und Methodik des alpinen Skilaufs, der heutigen Unterrichtssituation und der modernsten skitechnischen Erkenntnisse.

Ski-Lehrplan Band 2: Skilanglauf
Das ganze Spektrum des Skilanglaufs bis hin zu Biathlon und Nordischer Kombination: Ausrüstung, Lauftechnik, Methodik und Training.

Ski-Lehrplan Band 3: Kinderskilauf
Grundsätze des Kinderunterrichts in verschiedenen Altersstufen, alpines Skifahren, Skilanglaufen, Unterrichtsmethoden, Ratschläge für Eltern.

Lehrplan Snowboarding
Praxis und Theorie für den erfolgreichen Unterricht – von Technik und Methodik des Kurvenfahrens bis zu speziellen Unterrichtszielen wie Fahren auf der Buckelpiste, Carven und Freestyle.

Christof Weiß
Snowboarding Experts
Technik und Training in allen Disziplinen unter Berücksichtigung der aktuellen Entwicklungen sowie von Sicherheits- und Umweltschutzfragen – von einem kompetenten Autorenteam und mit vielen heißen Action-Fotos.

Christof Weiß
Snowboarding Know-how
Entwicklungsgeschichte, Material, Einsatzbereiche (Race, Freestyle, Freeriding) und Techniken des Snowboarding mit vielen eindrucksvollen Farbfotos.

Im BLV Verlag finden Sie Bücher zu folgenden Themen: Garten und Zimmerpflanzen • Wohnen und Gestalten • Natur • Heimtiere • Jagd • Angeln • Pferde und Reiten • Sport und Fitneß • Tauchen • Reise • Wandern, Alpinismus, Abenteuer • Essen und Trinken • Gesundheit und Wohlbefinden

Wenn Sie ausführliche Informationen wünschen, schreiben Sie bitte an:

BLV

BLV Verlagsgesellschaft mbH
Postfach 400320 • 80703 München
Telefon 089/12705-0 • Telefax 089/12705-543